稲荷の言靈で読み解くカタカムナ

カタカムナ言靈解《ことだまかい》

フトマニと火水の超法則が明かすアカシックレコードと宇宙樹の秘密

天道仁聞
Tenji Ninmon

今日の話題社

国東半島にあった扶桑樹（天御中主神のご神体）のヴィジョン。

扶桑樹の根は化石化し奇岩奇峰として残った。

令和四年（壬寅）文月朔日（新月）、宮崎県高千穂の天岩戸神社西本宮にてカタカムナ言灵解によりアマツカミをお迎えの儀を斎行。その際に奉納した太御幣《ふとみてぐら》（秋田真介作）と鬼の角のある猿田彦の神楽面（工藤省吾作）

まえがき

日本の歴史には数多くの謎が存在し、その真実を探る挑戦は絶え間なく続けられています。中でも「カタカムナ」は、その魅力と深さから近年、多くの人々の関心を引きつけています。楢崎《ならさき》皐月《さつき》氏は「カタカムナ」を哲物理学との接点から捉え、森羅万象の法則や意味を明らかにしようと努めていました。

彼の試みは、神代の宇宙観やその背後にある法則を、哲物理学の視点から解き明かそうとするものだったのではないでしょうか。このカタカムナが楢崎皐月氏によって紹介されたことは、我々に古代日本の深遠な知識への道をもたらしました。

私は、楢崎皐月氏がカタカムナを解読するにあたり基本としていた「表意語」に注目しました。その「表意語」とは、『言靈秘書』の言靈の法則をベースに展開されており、日本古来の言靈を物理学的「表意語」として解読を進めていたことに気づきました。

本来、言靈の法則は完全な形で存在し、その叡智は稲荷古伝によって秘められていました。

『水穂伝』という文献と出会ったことで、古事記の真髄や神の本質についての新たな解釈を得ることができました。

驚くべきことに、この法則とカタカムナ図象符は密接に関連していることを発見しました。この発見は、日本の古代の叡智が現代にどのような意味を持つのかを理解する鍵となると確信しています。

本書を執筆するにあたり、私が胸に秘めているのは、日本の叡智を尊重し、その価値を次世代へと継承する使命感です。先祖たちの試練と努力を受け継ぎ、この知識を未来へと伝えることが、私たちの責任であると感じています。

この本を手に取った皆さまへ、日本の深い叡智と共に、新たな世界が開かれることを願っています。この歴史と文化の旅を、共に歩んでいただければ幸いです。

天道仁聞《てんぢにんもん》

カタカムナ言靈解 稲荷の言靈で読み解くカタカムナ

～フトマニと火水の超法則が明かすアカシックレコードと宇宙樹の秘密

〈目次〉

第一部　カタカムナと言靈学の鍵を開く

第二部 カタカムナ言靈解

第一部　カタカムナと言靈学の鍵を開く

忘れてならない『みち』がある
忘れられない『ち』がかよう
充ち満ちてくる生命《いのち》に感動する時
人は産《うぶ》にたちかえり
身に纏《まと》う虚飾の衣を脱ぎすてる
光は魂魄《たましい》を満ち照らし
身はぬくもりにうち解ける
血潮は太古の響にうちおどり
愛眼《まなこ》は笛の調べにうるみけり
いざ開け心の眼を　さあ拓け心の岩戸を
視よ祖先の道はここにあり
観よ子孫の標べここにあり

伏見神寶神社「神寶寶典」より

楢崎皐月がカタカムナを引き寄せた

カタカムナが知られるようになった発端は、電気技術者の楢崎皐月《ならさきさつき》（一八九九～一九七四）氏が、まだ戦後の混乱期の昭和二十四年初頭、六甲山系の金鳥山の山頂付近で大地電気の調査のため穴居生活をしていた時に平十字《ひらとうじ》と名乗る不思議な人物に出会ったことに始まります。

平十字は「カタカムナの御神体」として代々伝えられてきた不思議な巻物を楢崎氏に見せてくれました。そこには、かつて見たことのない奇妙な円形の文字で渦巻き状に何かが記されていました。楢崎は書写を乞い、それを大学ノートに写しました。

そして楢崎氏は、血のにじむような努力で、この奇妙な図象文字の解読につとめ、それが「カタカムナウタヒ」と称される八十首の歌であることを明らかにし、さらに各々のウタヒの意味するところを研究しました。その結果、これらの歌はきわめて高度な超古代の直観物理の叡智を表すものであることが明らかになりました。

楢崎の研究は宇野多美恵（一九一七～二〇〇六）女史に引き継がれ、宇野女史の手による『相似象学会誌』（一九七〇年十月創刊）の発行によってカタカムナの存在が少しずつ知られるようになり、一部の研究者たちから、密かに熱い注目を浴び、『相似象』誌九号には「カタカムナウタヒ」八十首の全貌が発表されました。

本書は、これまでのアプローチとは少し違った方法でカタカムナの本質を明らかにしようという試みです。

楢崎は一八九八年五月九日、山口県東萩で生まれ、その半年後に小樽で出生届が提出されました。

中学卒業後、仙台二高から東北帝大に進学する予定でしたが、日本で最初のレントゲンの研究者である河喜多という人物に出会い、彼が設立した日本電子工業の電気専門学校に学び、当時は輸入に頼らざるを得なかった特殊絶縁油を弱冠二十代で開発し、日本石油と契約を結び事業化に成功しています。

その後、昭和十年代に英米との対立が深まるなか、石炭の油化が国策レベルでの課題となったとき、楢崎は出資者を集め大日本炭油株式会社を設立、亜炭を原料とした人造石油精製の試験工場を福島県相馬郡で操業しています。

大日本炭油の試験工場

楢崎は先行するドイツの技術の模倣追随を批判し、コロイド化学と放電現象による油化に研究を集中します。そして、一九四三年に、この研究に注目した陸軍の要請で満州にわたり、貧鉄鉱から品質の高い鉄鋼を製造する研究に携わります。

この過程で、楢崎は同じ製法で作る鉄の品質が環境によって大きな差があることを発見します。高品質の鉄を出す溶鉱炉の周辺には植物が繁茂し、粗悪な品質の鉄を出すところは、周囲の荒地に雑草すらないことに氣がついたのです。

こういう体験がのちの「カタカムナ」の解読に繋がります。

また楢崎は満州時代に吉林の老子廟で蘆有三《らうさん》という道士の知遇を得ます。日本人として初めて多額の寄進をした楢崎は老師の部屋に招かれますが、その時、老師は自ら泉の水を鉄製の釜に汲み、たった数枚の木の葉をもんで点火しました。そうすると、わずか数枚の木の葉だけなのに、その茶が非常に熱かったので、楢崎は非常に不思議に思います。

以来、楢崎と蘆有三は親交を結び、筆談で会話をするようになります。老師は問わず語りに、いろいろと不思議な話をします。驚いたことに老師は軍関係者もほとんど知らないドイツのV2ロケットのことも知っていました。そして老師は、超古代の日本に「アシヤ族」という高度の文明をもつ種族が存在し、彼らが「八鏡文字」なるものを創り、さまざまな科学技術を開発していたことなどを語りました。また不思議な鉄の釜も古い時代に日本から伝えられたものであると教えてくれました。

ですから、楢崎とカタカムナとの出会いについては、いろんな解釈がありますが、それは宇宙的なレベルでの引き寄せだったと考えられます。

そういう引き寄せがなぜ起こったのかと考えると、ひとつには楢崎は希有な才能と不思議な体験に恵まれていたからですが、もうひとつ見落とせないのはもともと非常に敬神の念のあつい方だったという事実があります。この点に関しては楢崎が書いた『炭油』という本の序文に、楢崎があまり神さまの話をするので他の研究者から敬遠された事情が記されています。

物理的な知識だけではそれがどれほど深く超越的なものであったとしても、カタカムナの解読はできなかったはずです。とくに八咫鏡や神名に秘められた密意を読み解くためには、神道的な感性が必要だったはずですし、一言一言の「音思念」の手がかりがあったはずです。

山口志道の言靈学でカタカムナを読む

この問題を突き詰めて考えているときに私は一冊の本と遭遇しました。八幡書店から刊行されていた『言靈秘書』という本でした。

これは山口志道という江戸時代の言靈学者の『水穂伝』をはじめとする著作をほぼすべて収録したもので、これを読みとくうちに楢崎皐月は山口志道の言靈学を学んでいた、だからカタカムナが解読できたのだと、目から鱗が落ちたように感じました。

楢崎皐月の世代の神道家のあいだでは『水穂伝』は隠れたバイブルでした。それは大本教の出口王仁三郎に受容され、『日月神示』の岡本天明も『水穂伝』を研究しています。

私の考えでは、楢崎皐月はカタカムナウタヒを言靈と彼の超越的な科学的感性を統合して読み解いたということになります。

私はその原点に立ち返って、カタカムナを山口志道の言靈学で読み解く作業にかかりました。

山口志道は一七六五年（明和二）安房国長狭郡寺門村（現・鴨川市）に生まれました。のちに杉庵と号したので杉庵志道と

『言靈秘書』（八幡書店刊）

も呼ばれます。

山口家には小さな祠があり、そこに「布斗麻邇御灵《ふとまにのみたま》」あるいは「火凝靈《かごたま》」とよばれる不思議な秘図が祀られていました。『水穂伝』附言には、「この御靈《みたま》は五十連《いつら》の十行《としま》を記したもの」とあるので、おそらく「布斗麻邇御灵」は単独ではなく、『水穂伝』一巻の「五十連十行之発伝」とともに伝来したものと推測されます。

志道はこの謎を解明するため三十年間、国学を学び、ついに布斗麻邇御灵が「水火の伝」で「形仮名は神の御名ことより現ること」を悟り、ようやく見通しがついたところに、文化十二年九月に下総国古河の荷田訓之《かだののりゆき》が訪ねてきて伏見稲荷に伝わったという「稲荷古伝」を授けられました。そして「稲荷古伝」が「布斗麻邇御灵」からさきわかれてできた水火二元の形であり、形仮名のもつさまざまな音思念をこの形から演繹したのです。

宇宙の生成、神靈の発現、国土の生成、言語の発生を神聖図形を媒介としてトータルにとらえるそのダイナミックな言靈宇宙学は、カタカムナ相似象学と通底するものであり、『言靈秘書』に書かれている言靈の法則を見たときにカタカムナのより深い読解が可能になると確信しました。

山口志道の代表作は『水穂伝』です。天保元年（一八三〇）、六十五歳の志道は、住みなれた故郷をはなれ、丹波国亀山の福井重次に案内されて京に上ります。福井氏には山口

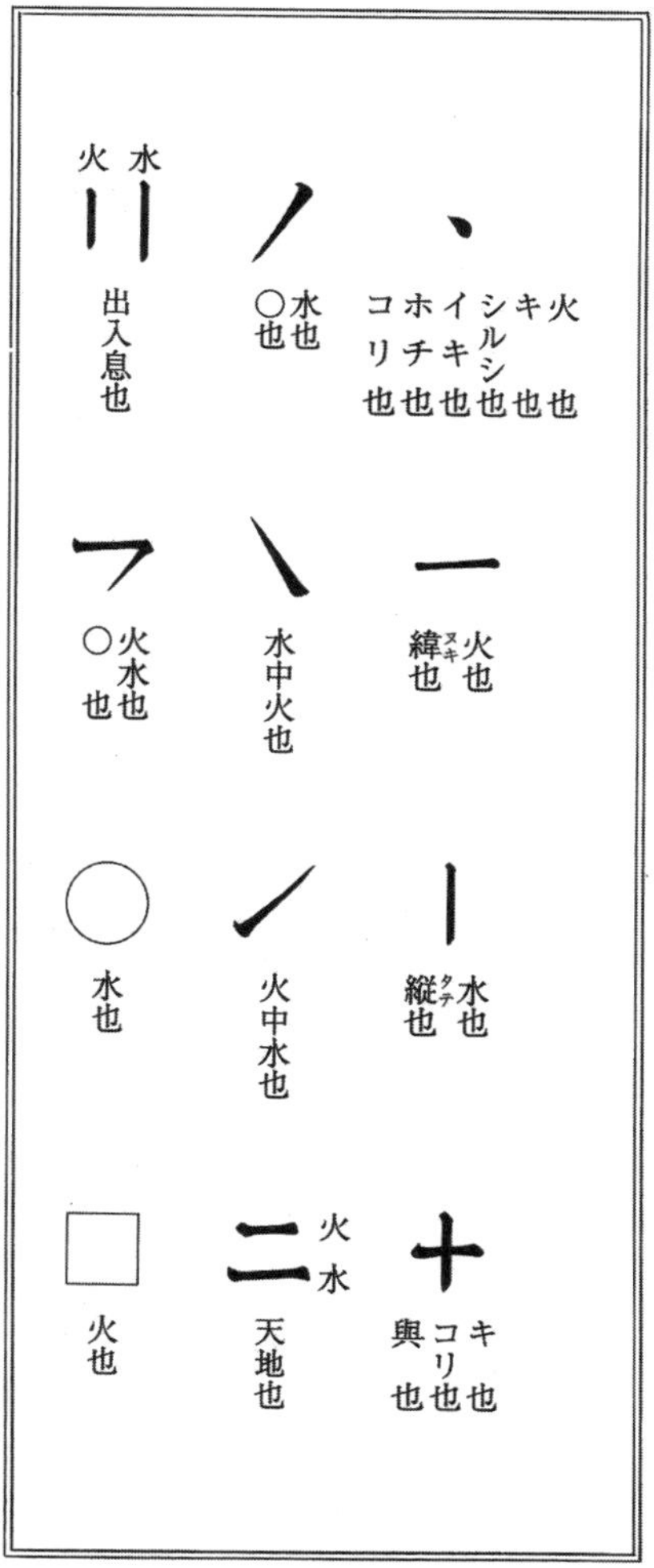

稲荷古伝
布斗麻邇御灵より割別れたる水火の形なり。是をもて、天地の気を知の御伝なり。

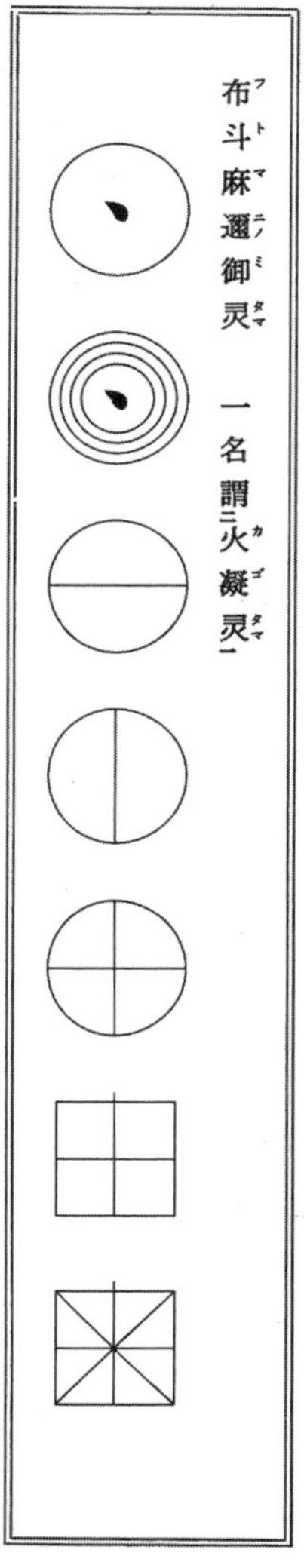

布斗麻邇御灵

志道の妹の宇野子が嫁いでおり、重次はその夫だったようです。かくして山口志道は、丹波亀山（現・京都府亀岡）の福井家において『水穂伝』の執筆をはじめました。

この刊行で山口志道は京都で名声を博し、各宮門跡や公卿の入門があいつぎ、神祇伯白川資敬王にも神代学を講義することになります。

楢崎皐月氏のカタカムナ中心図象の解釈

稲荷言灵の一言法則と楢崎皐月氏の表意語に対する独自の解釈との間には、いくつかの共通点と差異が見受けられます。これらの視点から洞察を深めることを目指し、比較表を作成し、それぞれの詳細な解説に取り組むことにします。

楢崎皐月氏は、カタカムナの解読にあたり、『水穂伝』の稲荷言靈一言法則を参考にして物理的な表意語へと変換しました。これにより、彼はカタカムナを物理学的な観点から解釈し、理解を深めることができました。

カタカムナの解読をしている楢崎皐月氏は、この古代日本の思想や哲学を「哲物理学」というカテゴリに分類しました。

楢崎皐月氏がカタカムナを「哲物理学」と分類した理由は、カタカムナの知識体系が現代の物理学や科学と比べても高度であり、哲学的な観点から世界を理解するものだったからです。彼の解釈では、カタカムナは単なる神話や伝説ではなく、世界の本質や構造を理解し、解釈するための知識体系、すなわち「哲物理学」だと考えられています。

楢崎皐月氏がカタカムナの解読において言靈を物理的な概念に転換したのは、古代日本の信仰である「言靈」が言葉自体に靈的な力を宿しているとされていたからです。彼は、この言靈の力を物理的な概念と結びつけ、カタカムナの教義を現代の科学的な枠組みで解釈することを試みました。その結果、古代の知識がどのように現代の科学的理解と関連し、またそれがどのように現代社会に適用できるのかを理解しやすくすることができたと考えられます。

カタカムナ図象符と言靈から発生する天の音《こえ》は、上古から稲荷に伝承されてきたもので、言靈の法則によって生成されます。この理解は、楢崎皐月氏のカタカムナの解釈と稲荷古伝のカタカムナの解釈という、二つの異なる表現方法から得られます。

それぞれの解釈は、異なる視点からカタカムナを理解しようとするものであり、それぞれが持つ特性や見解は、カタカムナという概念が「森羅万象の理」を示すためのものであるという点では一致しています。したがって、これら二つの解釈を融合し、楢崎氏が定義付けた中心図象の概念と稲荷古伝による伝承を対比させることで、私たちはカタカムナの理解をさらに深めていくことが可能になるのではないでしょうか。

楢崎氏は、「ヤタノカガミ」、「フトマニ」、「ミスマルノタマ」に特定の定義を与え、それらを中心図象として位置づけています。これらの定義を稲荷古伝の理論と対比させることで、カタカムナという概念の構造をより深く理解することが可能となります。

楢崎氏が定義している「フトマニ中心図象」の要素としての「フトマニ」についてまず説明させていただきます。

フトマニのフトは美称、マニはママと同語で神の御心に任せ神の慮《りょ》に随《したが》うという意義になります。

天岩戸の変に、「アメノコヤネ命、アメノフトタマ命、天香山《あめのかぐやま》の眞男鹿《まおじか》の肩骨を内抜《うつぬ》きて、天香山の波々迦《ははか》を採りて、占合《うらへ》まかなはしめて云々」とあり、布刀麻爾《ふとまに》は神事の大本として取扱われてきました。

さらに言靈秘伝としてフトマニノミタマ（布斗麻邇御灵）という図象があります。これは安房国長狭郡寺門村の山口志道の家の祠に祀られ、志道はその謎を探ること三十余年にして荷田訓之《かだののりゆき》より伏見稲荷社伝の「稲荷古伝」を伝えられ、両者の付合を感得し、フトマニノミタマに秘められた玄義を解読するに至りました。

その内容を要約すると、

フ・・・・アメノミナカヌシの御灵
ト・・・・タカミムスビ、カミムスビ　両神合躰の御灵
マニ・・・イザナギの御灵、イザナミの御灵　となります。

カタカムナは、「虚空から始まり、万物の創造の原理を経て、最終的に万物の現象化を生み出すこと」までを描き出しています。この描写は、カタカムナの中心図象符と稲荷古伝の法則を結びつける鍵となります。

具体的には、カタカムナ中心図象符を稲荷古伝の法則に照らすと、〝フトマニ〟の中心図象は〝ツルキ〟に相当します。〝ツルキ〟は三種の神器の中で、寶剣《ほうけん》（火）を象徴しています。

したがって、中心図象「フトマニ」は、全ての存在が創造される火の種子を象徴してい

中心図象符
フトマニ

ます。この理由から、この図象を「フトマニ」というよりも「ツルキ」と表現する方が、その本質的な意味をより的確に反映すると考えられます。

稲荷の御祭神ではサルタヒコにあたり、火、主、躰《たい》、剣、火垂《ひだり》、タカミムスビ、に相当します。


「ミスマルノタマ」は稲荷古伝において「水」を象徴し、これは〝后宮の《きさきのみや》鏡〟とも結びついています。ミスマルノタマは水であると同時に、穴や輪であり、また丸チョン（⦿）の外周の〇にも該当します。

万物を生み出す母としての位置付けがなされているミスマルノタマは、穴から万物が創造されるという象徴とも一致します。空の穴は、その中に明確な「火のホチ」は存在せず、その火の存在は形を持ちません。

しかし、この形を持たない真の火が穴（空間）に入ることで万物を動かす力源となります。天空自体が穴（空間）であり、その中から万物が生み出されるという古伝にその起源を見ることができます。

稲荷の御祭神ではアメノウズメにあたり、水、従、用《よう》、鏡、右氣《みぎ》、カミムスビ、となり、ミスマルノタマとは、万物創出の水の渦となります。

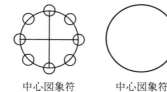

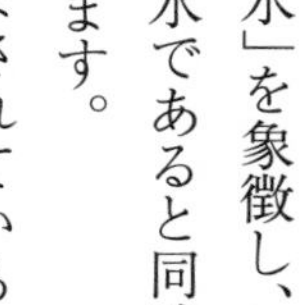
中心図象符
ミスマルノタマ

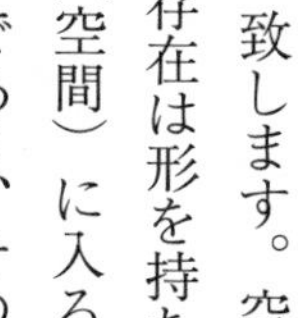
中心図象符
ヤタノカカミ

この図象符は「ミスマルノタマ」よりも「カカミ」として表現した方が、その本質的な意味をより深く反映していると言えるでしょう。

稲荷古伝によれば、三種の神器には「印《しるし》の御灵《みたま》」と呼ばれる存在が含まれています。神器の中で、「寶剣」は主上の御灵、「神鏡」は后宮の御灵、そして「印の御灵」は太子の御灵を示しています。主上と后宮が息を結び、その息は「印の御灵」と称えられます。

さらに、十種の神寶の中には、四つの重要な御灵が存在します。神祇伯白川公の御伝では、一つ目が「印の御灵」、二つ目が「字賀の御灵」、三つ目が「生灵」、そして四つ目が「布斗麻邇御灵」とされています。これらの御灵はすべて、水火《いき》を知る神寶とされています。

楢崎氏が「ヤタノカガミ」と定義するものは、稲荷古伝では「印の御灵」、「字賀の御灵」、「生灵」、「布斗麻邇の御灵」として伝えられています。「印の御灵」、「字賀の御灵」、「生灵」、「布斗麻邇の御灵」は共通の概念として理解することができます。

それぞれの御灵の意義を言灵から読み解くと、

「印《しるし》の御灵《みたま》」は、主上と后宮の息が結びついて形成されたもの。「字賀《うが》の御灵」は、火と水が結びついて形現れ昇華する御灵。「生灵《いくたま》」は、息をくむ御灵。「布斗麻邇御灵《ふとまにのみたま》」

は、水火《イキ》の伝えの御灵

と解釈され、これらはすべて火と水が結びついた状態を表現しています。

稲荷古伝ではこの中心図象である三種の神器を「サルタヒコ」、「アメノウズメ」、「ウカノミタマ」として表現しています。

「ヤタノカガミ」という表現は、水のカカミに火のツルキが結合し、その結果岩戸が開き、その中から光が照らされる瞬間を表現する言灵なのです。以下で、『言靈秘書』に記されているヤタノカガミについて詳しく説明いたします。

「ヤタノカガミ」は、「イハトヒラキ」または「イハトヒラク」の鏡とも言われ、これは言靈の反しの法則における「ヤタ」の表現です。これは天照太神が天岩戸を開いた瞬間を象徴し、「神灵鏡《しんれい》のように照り暉き給う」様子を示しています。これこそが「ヤタノカカミ」という言靈の意義であり、現代でも神社にて鏡が神体の象徴として置かれる風習はこの伝統に基づいています。「ヤタ」の文字は「八隅の知」を意味し、全てを包み込むような広大な知識や理解を象徴しています。「八隅の知」とは、カタカムナの図象符と言灵の法則を照らし合わせることで得られる「広大な智彗」を指しています。

これらの解釈から、楢崎氏が定義する「ヤタノカガミ」は、「カカミの水」に「ツルキの火」が結合し、岩戸が開き輝くその刹那を表していると言えます。

そして、「フトマニ」という楢崎氏が語る概念は、本質的には「ツルキ」の象徴であり、剣の表現と解釈できます。三種の神器の中で、寶剣は君主の徳を、神鏡は后宮の徳を象徴します。后宮の鏡、すなわち水の中に君主の火の剣が結合することにより、「ヤタノカガミ」が形成される構造が描かれます。

ツルキの解説をしますと、「ツ」は連なること、「ル」は助音を省略した形、「キ」は息の意味を持っています。これらを合わせて「息が連なる」ことが表現されています。従って、剣とはその本質において人を殺す道具ではなく、氣を連ねる象徴具であるという理解が求められます。

君臣の息が乱れると、国全体が混乱する原因となります。この混乱を治め、君臣の息を結び直すために剣の火が象徴されています。剣を通じて和をもたらし、国家を安定させる働きを「ツルキの徳」と表現しています。

後世においては、残念ながら剣は殺人の道具としての認識が強く、国を混乱に陥れる象徴ともされました。このような汚れた道具がなぜ神器と呼ばれるのでしょうか。漢字において「武」は「戈《ホコ》を止める」ことを表現しています。これは、君臣の息が連なり、剣を通じて氣が結ばれ、国が和平に導かれることを示しています。原初の剣の意義はこのような役割にあり、神器として尊ばれてきたのです。

こうした考察から、ツルキとは「息を結ぶ」という意味が込められていることが理解できます。天下が平和であるという状態は、上下の氣が連なり結びついている結果と言えます。この原理を象徴するのが神器であり、男性の魂を示す際には剣が、女性の魂を示す際には鏡が用いられます。神器の使用により、氣の結びつきとその調和が表現されるのです。

総じて、チキリとは、主上の剣と后宮の鏡が婚嫁《ミトノマクハイ》を経て結びつくことを意味します。これがツルキとカカミの反映となります。したがって、これをチキと呼びます。リは助言を意味します。

国家の安全と治安は、上下の和平に依存します。その和平を実現する根本は人々の約束です。チギリの根本は、ツルキのチとカカミのキの二つの徳に集約されます。このチの音は、水中の火灵であり、母の鏡の水中に、父の剣の火が和らぎ睦む音故にツルキなり、とあります。これは、息を結ぶことを表現しています。この本来の言葉はツルクムという意味となります。

稲荷古伝における五十音の法則は、天地自然の原理を表現しており、これは神代（火水《かみ》與《よ》）からの教えとされています。天地自然の火と水の言灵を理解するためには、天地自然の神寶である布斗麻邇御灵を用いて観察し、解釈することが求められています。

布斗麻邇御灵は、古事記の神代巻に記載されている大八島の法則を指しています。この大八島の法則を用いて解釈する際には、「天から見るかのように、地から聴くかのように」という視点が示されています。大八島の「八」の数は、全ての地を形成する法則として機能しています。

この大八島の法則は布斗麻邇御灵に含まれており、天地自然の神寶である「布斗麻邇御灵を占ふて解くべし」と述べられています。これにより、これまでのカタカムナ中心図象の「ヤタノカガミ」と「布斗麻邇御灵」は同義語であると結びつけることが可能です。「フトマニ」は「ツルキの火」を、「ミスマルノタマ」は「カカミの水」を表しています。

これらを「タカミムスヒの火」、「カミムスヒの水」、そして「アメノミナカヌシの水火《しほ》、水火《いき》、火水《ほし》、火水《かみ》」と解釈することで、森羅万象を理解する基本的な枠組みがより明瞭に整理され、体系化されると言えます。

『水穂伝』の序文を現代語に訳してみた

山口志道の言靈学については、ぜひ『言靈秘書』の原文にあたって頂きたいと思いますが、ここではその基本的な考え方を知るために、同書所収の『水穂伝』の付言を現代語訳をしておきます。

○皇国《みくに》にはもともと文字というものはなく、言霊の佐《たす》くる国で、五十連十行の形仮名は神代の御書である。これによって、天地及万物の初発《はじまり》をすべて知ることができます。ところが、人皇十六代、応神天皇の御代に、百済より王仁が来て多くの書籍をもたらしました。それより、漢《から》国の学が盛んになりましたが、人皇四十代天武天皇は、神代の古言《ふること》が滅びつつあることを深く憂い給い、稗田阿礼《ひえだのあれ》に天皇自ら御教えをお伝えになり、人皇四十三代元明天皇は、和銅四年太朝臣安万侶に命じて、阿礼が覚えた神代の御伝を文字に記させ、『古事記』と名づけ、皇国の大道を遺し置かれたのです。（稲荷の古伝というのも阿礼の伝かと思われます）

しかし、神代の正言《まさごと》が失われるのを惜しまれたとはいえ、事灵《ことたま》の学は神の御伝であり、凡人の耳に入ることは難く、文字の学びは人の学びであり、凡人の眼には入り易く、人の学においては文字ほどたやすいものはありません。

だから、時代を降るに従って、いつしか文字が中心になり、言靈の学はおろそかにされるようになりました。それでも寛弘長和（一〇〇四～一七）の頃までは行われておりましたが、その後は数百年もの間、知る人も稀になってしまいました。

享保の頃、荷田東麻呂《かだのあずままろ》翁が神代の言靈が稲荷の古伝にあることを社務の大西親友の伝によって説かれましたが、いまだ時が至らなかったのでしょうか、その深い学を継ぐ人もなく、今では言靈という名のみでその法則を知る人もなく、次第に俗学になり、ただ広く書籍だけを見て、法則もなくある詞とある詞を比較して憶測で説き、文字によらずと言ってもその実は文字のほかに拠り所がないので、他国の文字が吾国の文字のようになり、吾国の詞《ことば》は他国の詞のようになり、あはれ掛けまくも畏き綾に賢き神代の御伝は隠蔽されてしまったのです。

この末世に生まれた私は、かねてより氣のきいた本も知らず時が過ぎていくのを悲しみ、若い頃より思い悩んできましたが、流されるままによる岸辺とてありませんでした。

しかしながら、吾家には古より「布斗麻邇御灵《ふとまにのみたま》」というものが伝わり、小さな祠に祀ってありました。この御灵は五十連《いつら》の十行を記したもので、なにを意味するものかよくわかりませんでした。しかし、古今の言葉をかき集め、広く天地の万物に合せ、『古事記』神代の巻を参照し、三十年あまりにして、ついに「布斗麻邇御灵」は水火《イキ》の御伝であり、形仮名は神の御名ことより現れたことを悟り、ようやく曙光が見え、さまざまな言葉の意味もわかりかけていたところ、文化十二年十月の末に荷田訓之《かだののりゆき》が訪ねきて古伝なるものを授けてくれました。その伝の余分なものを省き、足ざるを補い、朝に夕に研究し御灵《みたま》の灵であることを悟りました。

○皇国《みくに》の学は、万物一《ひとつ》に止《とどまる》こと元とします。故に、天地初発《あめつちはじまり》に一《ひとつ》の凝《こり》をなし、その凝より火水の二つに別れて、火を父といい、水を母というのです。その父の火灵《かたま》と母の水灵《みたま》が與んで、また一つの凝をなします。その凝の重く濁ったものは形となり、軽く澄んだものが息となり、その息が母胎を出て高く現れるのを音《こえ》といいます。その音《こえ》の五十連《イツラ》なるを言灵《ことたま》というのです。その一言一言に幸があり、佐があり、火水《ひみつ》があり、これを與《く》んで詞になります。そうは言っても、詞《ことば》は音《こえ》のみにして眼に見ることはできません。

それを眼に見えるようにしたのが形仮名《かたかな》です。その形仮名《かたかな》で五十連《いつら》の十行を記します。火水《ひみつ》の一言一言を與み開き、躰用軽重清濁《たいようけいちょうせいだく》等の法則によって、詞のもとを明らかにし、天地の水火《いき》と人間の水火《いき》とが同一であることを知って、家や国を治めるもとは己の呼吸の息にあることを知ります。

広く天地のことわりを知ろうとするならば、まずは己《おの》が水火《いき》を知ることです。これこそが神国の教えです。『古事記』の神代の巻というのも、火水與《かみよ》の巻という意味で、天地の水火《いき》を與《く》んで言《ものいう》ということの御伝なのです。

○天地の間に眼に見えない火水《ひみつ》があります。これを火水《かみ》といいます。水火《いき》ともいいます。火水《かみ》という場合は躰《たい》で、水火《いき》という場合は用《よう》です。故に、陰陽《いき》と陰陽《いき》とを與《く》んで万物を産むのです。

○人間の胎内に火水《ひみつ》があります。これを灵水火《たましい》と言います。氣《いき》とも言います。魂という場合は躰《たい》であり、息《いき》という場合は用《よう》となります。故に、息と息と與《く》んで言語を発し、氣《いき》と氣《いき》と與《く》んで人を産むのです。

○天地は水火《いき》の凝《こり》です。故に、日月の運行は天の呼吸です。汐の満干は地の呼吸です。人も水火《いき》の凝です。故に、人の呼吸は波の列《つらなり》と同じです。波もよする時に音《こえ》をだしますが、引く時には音《こえ》がありません。人も出る息には音《こえ》がありますが、引く息には音《こえ》がありません。人はすなわち小天地なのです。

○実《まこと》の火には象《カタチ》はありません。これを火の躰《たい》といいます。象《かたち》を見る時は火中に水がありますす。故に燃えるのです。これを火の活用《はたらき》といいます。

実《まこと》の水には象《カタチ》はありません。これを水の躰《たい》といいます。象《かたち》を見る時は水中に火があります。故に流れます。これを水の活用《はたらき》といいます。

○火は躰《たい》であり水を動かします。水は用であり火に動されます。火は動かず音《こえ》がありません。水は動いて音《こえ》をなします。

すべて動かないものは火であり、動くものは水です。故に、水という名称でも、動かないときは火です。

火という名称であっても、動くときは水です。

たとえば、水氣《みぎ》は水です。火垂《ひだり》は火です。しかし、右の手で左を打つときは、右の水は火となり、左の火は水となって音《おと》を出します。鐘は火です。木で鐘を打つと、鐘は水となって音を出します。鐘で木を打つと、木はもとの水となって音を出します。このように火《ひ》、水《みつ》、躰《たい》、用《よう》は活物であり、相対的なものです。天地の水火《いき》の回《めぐ》りはこのようになっています。

カタカムナこそ失われたアークだった

有名な映画にもなった「失われたアーク」という伝説があります。『旧約聖書』によれば、シナイ山でモーゼが神から授けられた十戒を刻んだ二枚の石板を納めた箱でアカシアの木で作られ、表面は純金で覆われていたと言います。

ソロモン王の統治下、エルサレムに神殿が造営され、至聖所と呼ばれる内陣に納められ、ケルビムの翼の下に安置され、一年に一回、祭司たちが外にアークを運び出した様子が記されています。

しかしその後、『旧約聖書』にはアークについての記述が見られなくなります。

さらに、イスラエル王国滅亡後に分裂した南のユダ王国が、紀元前五八七年、新バビロニアのネブカドネザル二世に滅ぼされた際に、エルサレム神殿も破壊され、アークの行方はわからなくなってしまいました。そのため、「失われたアーク」とも呼ばれるのです。

このアークの正体については、さまざまな説が存在し、失われた十氏族との関連性が取り沙汰されています。一つの説として、預言者イザヤが南ユダ王国の滅亡を予知し、アークを運び出すことになります。彼は人々を率いて東の陽いずる国を目指し、船で進んで四国の東海岸に到着したとされています。そして、剣山にアークを隠したとも言われているのです。

かつてロスチャイルドは、戦後すぐに進駐軍に仁徳天皇陵や宝達山を調べさせ、一九九〇年代後半に一族でバスをチャーターして剣山を調べたとも言われています。いっけん荒唐無稽なようですが、アークが日本に隠されていることは事実です。

物質的な財宝や何かしらの智彗の結晶や兵器としてのアークを探求することは無意味であり、その本質的な理解が重要であることを強調したいと思います。どんなに物質的な宝を追い求めても、それは空しい努力となります。すべての神話や伝説は、その象徴的な意味を探ることで、真の価値を見出すことができます。この視点からアークを考えると、「カタカムナ図象符と言靈により発せられた神寶《かむたから》」であると理解できます。これはカタカムナから発せられる天の音《こえ》を通じて明らかに示されているのです。

アークはサンスクリット語では種字《しゅじ》のひとつをさします。アークは胎蔵界種子曼荼羅《たいぞうかいしゅじまんだら》の中心に置かれて、胎蔵界大日如来を表します。大日如来は摩訶毘盧舎那《まかびるしゃな》如来の現われです。毘盧遮那とはサンスクリット語のVairocanaヴァイローチャナの音訳で「光明遍照」を意味し毘盧舎那仏とも表記されます。

宇宙の中心で光り輝き、宇宙の真理を全ての人に照らし、悟りに導く仏です。ですから神仏習合においては、大日如来＝毘盧舎那仏は天照大神とされます。

天照大神は、一般的には天皇の祖であり、『古事記』においても一人の人格神として描かれています。しかし、アマテラスとは、この地上に最初に誕生した日月天神の火垂《ひたり》を宰る神名となっているのです。そして水氣を宰る神が月夜見《つきよみ》の尊となります。この日月天神はカラダは一つで魂が日と月のふたつが宿っているのです。アマテラスが主で、ツクヨミが従となり、それぞれの役割をになっていることが読み解けました。

『水穂伝重解誌一言法則』では、「イハ」の反《かえ》しは「ヤ」となり、「トヒラ」の反しは「タ」となり、「ヤタノカカミ」は「イハトヒラキ鏡」ということになり、それはアマテラスが、天岩戸が開いたときに、その神灵が鏡のごとくに照り暉いたことを表すと書かれています。

（『言靈秘書』二三六頁）

さらにアマテラスを言靈で解いてみると、「火と水が円満に向かい合い一体となることでホチの戸が開き神寶の玉降り給う」という意が顕れます。

この理は三種の神器に表象されます。父と母を與《く》むことで子が生ります。寶剣は父の徳を、神鏡は母の徳を表します。母の鏡の水の中へ、父の火の剣を和し子の玉となります。その玉の出現の瞬間、まさに陽が昇りはじめ、遍《あまね》く照らし輝く様子をアマテラスというのです。


カタカムナウタヒの中心図象も、印《しるし》のミタマ、ツルキ、カカミと三種あります。

三種の神器とカタカムナの三種の中心図象は同じ構造として捉えることができます。

主上の剣は父の火、そしてアメノミナカヌシのマルチョン（⊙）の中心の丶ホチになります。后宮の神鏡は母の水、そしてアメノミナカヌシのマルチョン（⊙）の外周の◯になります。

その寶剣と神鏡を與むことで神寶の布斗麻邇御灵になります。

火と水と水火《しほ》、水火《いき》、火水《ほし》、火水《かみ》、日月星、サルタヒコとアメノウズメとウカノミタマ、稲荷の玉と巻物と摩尼寶珠などもすべて同じ構造になっています。

カタカムナを理解するためには、要素還元主義にとらわれず、このような関係論的な構造理解が大事です。それぞれの要素は他の要素との相互依存的な関係で結ばれ、それが全体としての意味を構成します。

そしてそのような構造を規定する潜象的な根源的玄理こそアメノミナカヌシ、タカミムスビ、カミムスビの造化三神であり、この玄理によって万物は創造されているのです。

アークを言靈で読み解くと、この理がいっそう明らかになります。

『水穂伝重解誌一言法則』には、

「アは○也」「アは五十言、火水のいきの惣名にして、無にして有なり」(『言靈秘書』五一二頁)「五十連《いつら》の惣名《そうみよう》。この五十連の音は、アの一音より外なし。開けば五十音、収むれば一音ゆえに、天に位して縦横す」(四一五頁)

と示されています。

また、クは、「與也《くむ》」とあります。

アークは「言靈五十音を與む」という意味になります。五十音によって與まれたフトマニノミタマと言靈によって解明される万物創造玄理を示しています。言靈五十音を造化三神の玄理で自由自在に與むことで万物を創造し、またあらゆる現象の本質をも解くことができる人類の神寶であり、その構造はカタカムナの玄理と同じということになります。

カタカムナはウタになっています。ウタヨムという言葉も読み解くとアークと繋がってきます。

「ウタ」の反《かえし》は「ア」であり、「ア」は前述のように五十連の言靈の惣名です。「ヨム」の「ヨ」は「與」であり「與む《く》」の義です。

『水穂伝重解誌一言法則』には「此ヨの一音に、五つの法則あり。始に、與也。此ヤ行は、惣てア行の天の父と、ワ行の地の母と、文に與の島にして、アワヤの三行は、是天地を全ふする。其天地を全ふする中にも、此ヨの音は、殊に上の四音を束ねて重き音也。故に、與の義をなす」とあります。（『言靈秘書』四三四頁）

つまりウタをヨムとは、五十連の言靈を與む《く》という義になり、言靈的にはウタヨムとアークとは、同じ意味となります。

つまり失われたアークとは、言靈を與むことで、それはウタをヨムことにつながります。カタカムナウタヒと稲荷古伝の言靈を與み合わせることで、万物創造玄理であるアークつまりはカタカムナが開くということになります。

本文にもありますが、ここでわかりやすく説明させていただきます。

まず、「カタカムナ」を理解するには、それが「カタカムナ」「図象符」「ウタヒ」の三つの要素から成ることを把握することが重要です。

カタカムナの根源は、一つの特殊な呼吸法から始まりました。その方法とは、口を大きく開け、「アァ」という形で息を吐き出し、そして口笛を吹くような口の形で長く息を吸い込むというものです。この特殊な呼吸法こそが、「息を与みたるカタチ」のカタカムナの核心と言えます。

呼吸にはそれぞれ火と水の属性が付与されています。吸う息が火の属性、吐く息が水の属性となります。このプロセス全体は息だけで構成され、声は一切発せられません。

また、吸い込む息の時には願い事を想像し、吐く時にはその願い事を世界に放出します。これにより、アメノミナカヌシ、つまり水の吐く息と火の吸う息の組み合わせが生まれます。この組み合わせによって「アメノミナカヌシのめぐりの輪」が形成され、胎蔵界の氣が現象界の種として降ろされるのです。

そして、この一連のプロセスを摩尼寶珠《まにほうじゅ》（意のままに願いを叶える寶《たから》）と呼びます。これがカタカムナの根源であり、現象を創造する氣を自由自在に操ることが可能となるのです。

続いて、「図象符」と「ウタヒ」について解説します。

「ウタヒ」は音の連続性を持つ一方で、「図象符」はその連続性に区切りと渦を作り出します。

ウタヒでは、一音一音に吸う息と吐く息を組み合わせることで言灵の神が顕現します。通常の歌唱法では、息継ぎの場所で息を吸いますが、ウタヒでは一音一音に息を結びつけるのが本来のスタイルとなります。この特性は根源的なカタカムナと同様に、現象を操作する力が言灵一音に秘められています。

そして、その形のないウタヒに形を与える存在が「図象符」です。ウタヒは水の属性を、図象符は火の属性を持つと解釈されます。

ウタヒ（水）と図象符（火）を組み合わせることで、言灵（水）の法則により水火水のシホミツが完成します。

シホミツは全てを包み込む水となり、これによって胎蔵界のアカシックレコードを掬い取ります。つまり、ウタヒと図象符を結びつけることによって、アカシックレコードを言灵で包み込むのです。

これを神寶《かむたから》、あるいは「アーク」と呼びます。

このアークから生み出される物語は真の神寶となります。それは宇宙の玄理から生み出される万物、そして創造主の想像を現象化させることが可能な奥義とも言えます。

カタカムナウタヒが生み出す神寶は、宇宙の深遠な理により無限に応用し、創造することができる宇宙創造のテンプレートとなります。したがって、「答え」は一定のパターンにとどまらない。それは読み解く者が創造したい概念が、宇宙原理に従って生み出されるということを示しています。

要約すると、カタカムナウタヒから生じる神寶は、宇宙の奥深い理から無限の応用と創造が可能な宇宙創造のテンプレートです。その結果、「答え」は固定されたパターンには限定されません。それは、読み解く者が創造しようとする概念が、宇宙の原理に基づき現れるということを意味します。

稲荷神社の狐は言靈の法則を表わしている

「アーク」である「カタカムナ図象符」の鍵は、言灵の法則によって開かなければなりません。

稲荷神社の狐も同じことを暗示しています。神さまから見て左（向かって右）の狐は灵《タマ》を、神さまから見て右（向かって左）の狐は巻物をくわえています。

これは、火垂《ひだり》と水氣《みぎ》の法則を現しています。弘法大使空海の五鈷杵《ごこしょ》と数珠《じゅず》も同じ意味になります。

大分県の六郷満山《ろくごうまんざん》を開山した仁聞菩薩《にんもんぼさつ》も五鈷杵《ごこしょ》と数《じゅ》珠《ず》を空海と同じように持っています。

仁聞菩薩は宇佐神宮の祭神である八幡神の化身であるともいわれていますが、稲荷の狐と同じ暗示を残しているのです。

左（向かって右）の狐は火垂《ひだり》になります。

火垂《ひだり》の灵《タマ》は、布斗麻邇御灵《ふとまにのみたま》を現しますが、火垂にも躰《たい》と用《よう》があります。

火垂の躰はカタカムナウタヒ八十首、用は布斗麻邇御灵（図象符の基）という位置付けになります。

神から見て左の狐は灵《たま》を右の狐は巻物を、中央の狐は秘鍵をくわえている。

右（向かって左）の狐は水氣《みぎ》になります。

水氣の巻物は言靈を現しますが、言灵にも躰と用があります。

躰は五十連十行《いつらとしま》で、用は言靈一言法則《ことだまいちげんののり》。

このように火垂と水氣にもそれぞれ躰と用があり、神寶を読み解くには、火垂と水氣の躰と用を與み合わせてゆく必要があります。


この、火垂と水氣の躰と用を空海と仁聞菩薩は五鈷杵と数珠で表現したのです。

火垂と水氣にそれぞれ躰と用があることについては、言靈の「ミ」の用きの法則から見ると理解しやすいと思います。『水穂伝重解誌言靈一言法則』に

ミ・・・真の火の為に動かされて、水用《はたら》きなして、月となり、虫となり、五穀となる。

火の為に鼎《かなえ》の水の形をなして回る。（『言靈秘書』四〇八頁）

とあります。

火は躰であり、実態であり水を用かせるものであり、水は用であり火によって用かされるものであります。水は火によって用き、渦巻き、そして芽吹かせる火水與《かみよ》の仕組みとなっ

ています。

それが、天地の火垂《ひだり》、水氣《みぎ》の玄理です。水火《イキ》の二つの理を備え、「アーク」である「カタカムナ」の鍵を開いてゆくということになります。

フトマニの玄理を応用してカタカムナ図象符を言霊で読み解く

現在、カタカムナとして世に出ている図象符は、布斗麻邇御灵より生み出された万物創造玄理であり、このテンプレートに当てはめることで、この世のすべてをその玄理を基に生み出すことができ、またあらゆる問題を解きほぐすことができる究極至高の神から人類へ送られた寶《たから》であり、これからも後世の人類に送り届ける必要があるものなのです。

カタカムナ図像の基は布斗麻邇御灵です。これは『水穂伝』に記されています。

布斗麻邇御灵より発《ヒラケ》て、天地日月《イキ》を現し、人生まれて呼吸をなすの伝えなり。故に、此御灵は則天地なり。人なり。一天四海をなすもの、此像《コノカタチ》を洩《モルル》ものなし（『言霊秘書』

二一頁)

布斗麻邇御灵の大八島の御形の四角の✳からできたものが、カタカナ（片仮名《カタカンナ》）であり、□は火を現しています。

○の✳からできたものが、ヒラカナ（平仮名《ヒラカンナ》）であり、○は水を現しています。

カタカンナの火とヒラカンナの水を組み合わせてできたものが□と○を合躰させたカタカムナ図象符という造化三神の玄理にあたります。

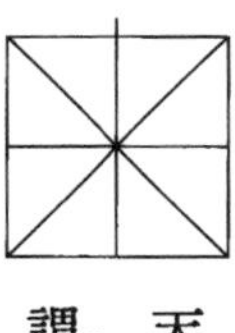

天地人容《カタチ》成《ナツテ》為《ナスノ》二水火《イキヲ》一御灵
謂《フ》二大八島国《ト》一

ですからカタカムナ図象符を言靈で読み解く際には、フトマニの玄理を応用していくのです。

カタカムナの玉を言靈の躰により配列し、その配列をしながら頭の中で想像を練っていきます。パズルのピースを組み合わすが如くにです。そして、イメージが繋がっておよそのストーリーが想像できたら、言靈一言法則《のり》により用きを発《ひら》くことで、豊かなカムヒビキが得られるのです。

躰と用は時と場合で入れ替わることもあります。時には火となり、その火が水となる場合もあります。それが織りなされ天地の息となります。潮の満ち引きのようにカタカムナと言靈も水火《イキ》をしています。カタカムナと言靈が二つで水となり、己の魂が火となることで水をはたらかせて神寶を生み出してゆきます。

アメノミナカヌシの意志が日月の神灵《みたま》となった

カタカムナ図象符の智彗とは、かつて日月の神灵《みたま》を覚醒させたスメラミコト（皇尊）が天地の智彗を得るために人類に継承された天地自然の文章《ふみ》とあります。

スメラミコトとは、古《いにしえ》より

天心の、に当て、北辰(天之御中主)なり。虚空蔵尊は、虚空に蔵《かくるる》の氣也。日の太神(日月天神)、空中に蔵《かくり》まして、陽の氣、陰中に潜て一切のものをして悉《ことごとく》めぐり睦みて、其のことわりを知るを智恵と云。此智恵を開きて、月読と天照の灵を開きスメロキの中の天照の月読を動かすに、日月両輪現給ふ義をなす。神仏と云名は人間に有りて、天眼を以て見る時は神仏表裏也とされ、時にこのスメラミコトのことをサルタヒコとかサナトクラマと呼んでいました。

サルタヒコやサナトクラマとは一つの人格神を指すのではなく、「人類に靈的な進化や智慧をもたらす者」であり、宇宙の唯一無二の創造主であるアメノミナカヌシの意志そのものなのです。そのアメノミナカヌシの意志が日月の神灵《みたま》となり、時代の節目の人間から開かれ、太古より繋がる宇宙の智彗をこの世に芽吹《めぶ》かせているのです。

日月燈明如来《にちがつとうみょうにょらい》の後継者や、イザヤ、ノア、モーゼ、釈迦、キリスト、聖徳太子、空海などはスメラミコトであり、彼らの魂は皆、日月の神灵《みたま》により導かれ、同一のアメノミナカヌシの意志を共有していたということになります。

それは、イエスのように母体に直接カタチなき神が宿り、肉体に神の魂が入った状態で生まれることもあれば、父の火（精子）に宿り母体に着床することもあり、また生まれた後にその人の魂に搦《から》むこともあります。

アメノミナカヌシの意志が躰であり、その用《はたらき》として日月の神灵《みたま》が現象界の人間に宿り、ホモサピエンス以前のはるか遠い過去より人類の根源であるヤマト人からカタカムナを継承し、人類史の節目節目に新たな種を自ずから明らかに見分けて降ろしてきたのです。

日月の神灵は人間の身体に宿り、スメラミコトがその働きとしてこの世に機能します。ホモサピエンス以前の遥かな過去から、人類の根源であるヤマト人がカタカムナを継承してきました。そして、人類史の重要な時期ごとに、新しい種を自ら見極めて降ろしてきたのです。

人類はこれまで幾多の困難と繁栄を繰り返してきました。その節目には天の真の火が降り、地球規模の噴火、津波、様々な困難を興してきました。

実は、その災難こそ幸いの素だと教えているのです。天が万物を動かす時、最初にこの現象界に下ろす種は災いとして現れると。最初の種には幸不幸の差別《けじめ》はないのです。しかし現象となる法則として、水の陰（災い）が早く、後から火の陽（幸い）が遅くやってくるのです。これは天地の摂理で、この現象の理を熟知しながら古の人々は立ち回っていたのです。これがフトマニの原理となります。

カタカムナウタヒと言靈によって生み出される神寶とは、この世に最初の天神が誕生してから何百万年、何十万年、と培われてきた経験に基づく森羅万象の玄理と経緯を、形無き智彗によって伝えてきました。それがアカシックレコードであり、アークであり、虚空蔵菩薩の知恵の恵みなのです。

虚空蔵の中の智彗は創造主の意識躰そのものと繋がっており、こちら側から開くことはできないようになっています。天地自然を鑑みて、その恩恵から込み上げてくる感謝に包まれた時に、私たちの「血」の中に眠る天神が出現し、導いてくれるきわめて稀なことだとカタカムナの中に示されています。

こちら側からではなく、日月の神灵が明らかに見極めて出現してくるのです。そして、その出現は人類に幾度も寄り添い、育て、導きを与えてくれました。

それがサルタヒコが導きの神様という由縁になります。さらにサルタヒコとアメノコヤネ、ツクヨミにも関係がでてきます。その構造は難解ですが、ここでは簡略的に説明させていただくと、この世に最初に誕生した日月天神は、ツクヨミの躰《からだ》にツクヨミの魂とアマテラスの魂の二柱が一体となっている構造になっています。

そして、日月天神の肉躰が朽ちる時、日月天神のカラダの中より靈体であるツクヨミの灵の中にアマテラスの灵が入り、滅びゆくカラダから浮き昇ってゆきます。そしてその灵は、素粒子のように細かく天地自然へとかえりますが、ツクヨミは魂に、天照は人間の血の中へと宿り、すべての人間を見極めています。

そして、ツクヨミに導かれた人間は火水《秘密》の鍵を開き、アマテラスを岩戸開きするのです。その者がスメロキとなり、スメロキの中のアマテラスをアメノフトタマと名付け、ツクヨミをアメノコヤネと名付けました。その総称としてサルタヒコと呼んでいたのです。

実に複雑怪奇な構造でどんな古文献にもそのようなことは残っていませんが、これもカタカムナ図象符を読み解いていくと抽出できた智慧なのです。

アメノミナカヌシの宇宙樹は国東半島にあった

アークとしてのカタカムナの秘密を解くもう一つの鍵が大分県の国東半島《くにさき》にあります。これまでの神道の解釈ではアメノミナカヌシ（天之御中主神）は隠身《かくりみ》の神とされてきましたが、国東半島には始原の時にアメノミナカヌシの顕身《うつしみ》が巨大な宇宙樹として顕れていたのです。

古代中国では、はるか東海上に扶桑《ふそう》あるいは扶桑木《ふそうのき》、扶桑樹とよばれる巨大な宇宙樹があり、そこから太陽が昇ると信じられていました。

前漢の東方朔《とうほうさく》が記した『海内十洲記』には、

……東海の海に浮かぶ扶桑《ふそう》という島に茂る桑に似た巨大な神木があり、その幹の太さは二千人もの人が手をつないで囲むほどである。樹相が奇妙で、根が一つに幹が二本あり、二本の幹はたがいに依存し、絡みあって生長する。

戦国時代から秦朝・漢代（前四世紀〜三世紀頃）にかけて成立した地理書『山海経』の「海外東経」には、

湯の湧く谷の上に扶桑があり、十個の太陽が湯浴みをするところである。水の中に大木があって、九個の太陽は下の枝にいて、一個の太陽は上の枝にいる。

同じく「大荒東経」には、

大荒の中に山があり、その上に扶木がある。高さは三百里（約一五〇〇キロメートル）、その葉は芥のようである。温源谷という谷がある。湯谷の上には扶木があり、一個の太陽が帰ると、一個の太陽がやっと出ていき、全て烏に載せられている。

と記されています。

この扶桑はいくつかの漢字の字源にも反映されています。

杳：（ヨウ、くらい）日（太陽）が木（扶桑樹）の下にあります。

東：日（太陽）が木（扶桑樹）の中を昇っていく方向という意味になります。

杲：（コウ、あかるい）日（太陽）が木（扶桑樹）の上にあります。

扶桑の木の話はけして伝説ではありません。

国東半島の六郷満山《ろくごうまんざん》の中心の山、両子山《ふたこ》の地に宇宙まで届く巨大な樹があり、はるか中国大陸からもその姿は見えたのです。

このことのヒントを下さったのは郷土史研究家の邦前文吾《くにさきぶんご》先生です。先生は代々漢方を専門にしており、その家系の伝統に基づいて陰陽五行の理論を使い、国東の地名に隠された秘密を解読していました。

はるかに見えるこの扶桑の木を目当てに渡来したことから、日本は扶桑国と呼ばれるようになりました。

また、それが日出《ひいず》る国、日本の国号の語源となりました。

日（太陽）が巨大な御神木にあることから、木に一として本《もと》の字となったのです。

日＝アマテラス＝太陽

木＝高木《たかぎ》の神＝北極星《ほっきょくせい》＝アメノミナカヌシ

で、太陽と北極星に護られた国という意味になります。

扶桑樹は日本でも高木の神とも古《いにしえ》から言い

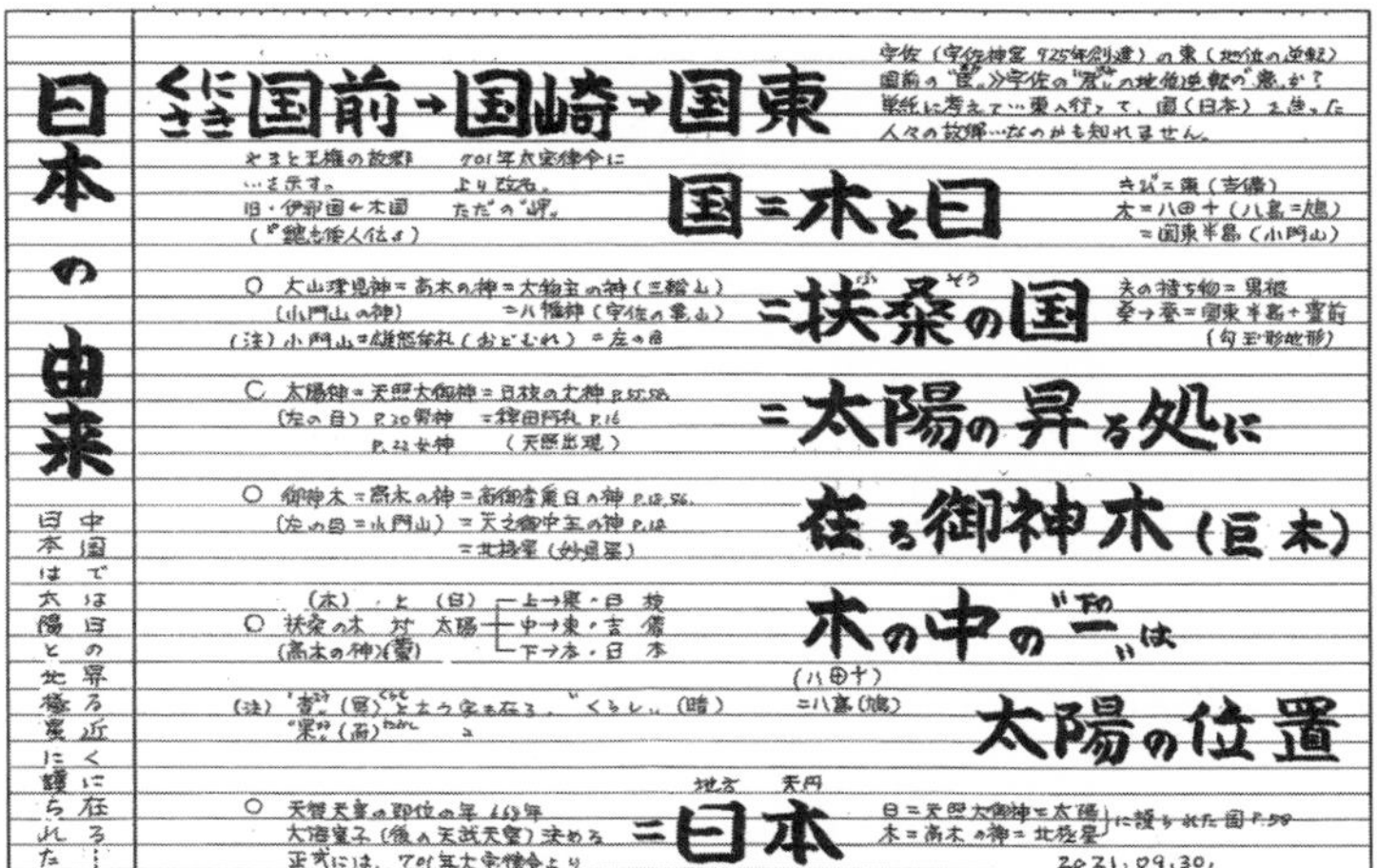

伝えられてきました。

そして神典には

是の高木神《たかぎのかみ》は、高御産巣日神《たかみむすひのかみ》の別の名ぞ。


とあります。

そうすると、さきほどの東方朔《とうほうさく》の『海内十洲記』の「根が一つに幹が二本あり、二本の幹はたがいに依存し、絡みあって生長する」という記述と付合してきます。

扶桑樹は、左はタカミムスビ（高御産巣日）、右はカミムスビ（神産巣日）という二本の幹が絡み合うアメノミナカヌシ（天之御中主）の顕の御神木だったということになります。その扶桑の木がいつの時代か消失してしまい、その跡地に残った根が国東半島の異様な奇岩の谷を形成したことになるわけです。（口絵参照）

聖地である両子山一帯は、かつて存在した巨大な木の痕跡をとどめていると考えられています。この巨大な木が、火山の噴火と共に地底のマグマが噴出した際に、その根元付近が化石化して、現在見ることができる谷の形状を形成したと推測しています。

両子火山の噴火はおよそ一九〇万年前～一一〇万年前ですので、その頃にアメノミナカヌシの御神木が焼け落ちたと考えられますが、その一部が化石として山の中に残っていて、その場所に日月燈明如来《にちがつとうみようにょらい》の子孫たちが後に仏を祀っていたのです。

日月燈明如来《にちがつとうみようにょらい》と呼ばれた日月天神《ひつき》は、アメノミナカヌシの枝にできたさなぎから蒸し生まれ、その後地神（竜神）と交配し、ヤマト人《びと》が誕生しました。

このヤマト人が人類の祖であり、正統な血統であり、八百万の神と呼ばれています。

その後ヤマトの男と女が子孫を作ることで、支族の種類が様々に広がったとカタカムナにあります。

歴史を通じて、人類は繰り返し文明の創造と崩壊の周期を経験しました。その末裔たちは世界中に広がり、その礎となったものが日月天神の教えであり、それが後にカタカムナウタヒや図象や言灵の法則となりました。これらの教えは、火水《かみ》の原理を伝えてきました。

東方朔『海内十洲記』には

（扶桑の木は）九千年に一度、小さな果実をつける。この果実を食べた仙人は、金色の光を放ち、空を飛ぶことができる……

とも記されています。
また「若木」とも「博桑《ひろくわ》」とも呼ばれました。桑の木に似て、生命を産みだす靈力を秘める、不思議な樹木だと伝えられてきたのです。元祖のアメノミナカヌシの木が朽ちた後は、六万年周期で苗木を植え替えていたという伝説も聞いたことがあります。

天津金木とタカアマハラ　カタカムナの神秘を解き明かす

高天原《たかあまはら》は、記紀神話や祝詞においては、アマテラスを主宰神とする天津神が住む場所と認識されていますが、皇道靈学の水谷清先生はタカアマハラはサンスクリット語として読み解くと次のようになると記しています。

タカア・・・光明遍照《こうみょうへんじょう》　中心点から外方へ発射する外発神力
タァマ・・・摂取堅縛《せっしゅけんじゅ》　外方より中心点に向かって内聚神力
カァマ・・・円融無碍《えんゆうむげ》　外発内聚が同時に起こる交流的神力
ハラ・・・・螺状旋回《らじょうせんかい》　螺旋状に旋回する神力

また、タカアマハラは、

タカァ、ハラ（螺状旋回的光明遍照神力）
タァマ、ハラ（螺状旋回的摂取堅縛神力）
カァマ、ハラ（螺状旋回的円融無碍神力）

の三語の合成であるとされています。

つまり、タカアマハラは、具体的にはアメノミナカヌシ、タカミムスビ、カミムスビの三つの構造を示しています。これがカタカムナの構造であり、その意味するところは、カタカムナ自体が実際にタカアマハラを表現しているということです。このタカアマハラの深遠な理を視覚化し表現できる存在、それこそが天津金木であると言えるでしょう。

『古事記』と天津金木は実質的に一体の存在といえます。

天津金木

稗田阿礼は、常に金木を風呂敷に包んで腰帯に下げ、農業をはじめとするすべての活動を行っていました。そのため、地元の人々からは「稗田阿礼の大金玉」と言われるほどでした。しかし、実はその「大金玉」は、縮製された天津金木だったのです。

左旋で外発し、右旋で内集し、さらに左旋で内集し、右旋で外発するこの力の交流が、カタカムナの核心を表しています。

この中で、カタとカムは外発の力を象徴しており、カタを内側から読むと「タカ」となり、タカミムスビとカミムスビを示しています。

一方で、カ、タカ、ムは内集の力を表しています。

その結果、カタカムナという名はタカミムスビとカミムスビが織り成す外発と内集の力の相互作用を如実に反映しています。

この交流は、互いに絡み合った二本の幹を形象化しています。その根元からは温泉が湧き出し、十個の太陽を宿すこの大樹は、日出る国、日本の宇宙樹の象徴とも言えるでしょう。

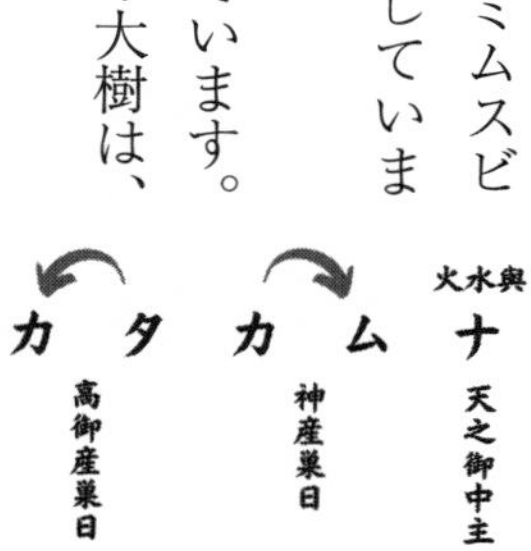

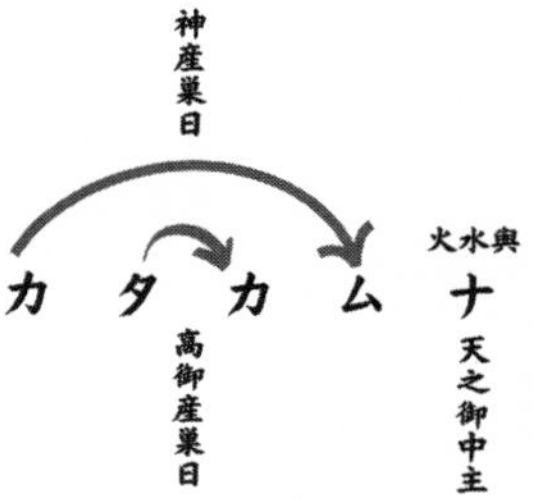

天津金木は呼吸と共に螺旋状に上方へと伸び続けます。この金木は無限と有限とを一如し、自在と限定とを不二として、それらが二元性ではなく一体であることを示しています。これが「天津金木学」であり、タカアマハラの真相を明らかに示しているのです。

ここで言う「一如」は、真理が表出する形が異なるとしても、その根源の本《もと》は一つであり、それは分け隔てられないという概念を指しています。すべての創造、啓示、真理はタカアマハラから生まれ、カタカムナウタヒとして響き唄いつがれ、歌われます。そしてそれらは扶桑の樹として、古代ヤマトの象徴であったのです。

造化三神からヤマトの人へ

「カタカムナウタヒ」を図象と稲荷古伝言靈一言法則で読み解くと、そこには人類の祖である神々がこの世界に誕生した玄理がカタカムナの音《こえ》によってその真相を知らせてくれます。さらに天津金木を通じて国東半島に隠された謎を読み解くことで、神々の発祥地の大本が国東半島であり、そこに存在した扶桑の樹こそがタカアマハラであったということが理解できました。

扶桑の樹は一つの根から二つの幹へと分かれ、これらはそれぞれタカミムスビとカミムスビと称され、互いに絡み合いながら天空へと至る中軸を形成していました。この形象はアメノミナカヌシの神木を体現しています。アメノミナカヌシの実態は創造の玄理そのものを象徴する空躰であり、その神木はその影、つまり現世での具現化を示しています。

アメノミナカヌシの神木の天の枝に一滴の生命の氣が降ろされ、それが膨らんで蛹《さなぎ》となり、その中から蒸し産まれたのが天神で、これがヒコ（丶《ひ》の凝り）の始まりです。天神の中には二つの魂が宿っており、火垂が後にアマテラスと名付けられ日を象徴し、水氣がツクヨミと名付けられ月を象徴としました。アマテラスとツクヨミは同一の身体を共有し、その身体は三位一体の構造を形成し、水火水《しほみつ》（月《水》の魂、日《火》の魂、肉体《水》）という形となります。

三位一体の構造こそが、造化三神の形状、天神の形状、そしてスメラミコトの形状を指しています。アメノフトタマとアメノコヤネもこの三位一体の構造に属しており、この全体を総称して「猿田彦」と呼びます。アメノフトタマは主を、アメノコヤネは従を担っています。火垂る神が君主で、水氣の神が臣下であるという差別《けじめ》は、宇宙創生から既に決定されている玄理なのです。この玄理を忘れてしまうことが、後世における平家と源氏の間の混乱の原因となったと、稲荷古伝の言靈の法則から教訓が語られています。

この両神合体によって、フトマニのミタマ（カタカムナ）と五十連十行（イツラトシマ）の言靈が稲荷の奥義として創造され、百万年以上継承されてきた祖先たちの経験が智彗として秘められているのです。

真の火の正中をつかさどり、火水の教えを輪廻転生しながら説き続け、神世と現世を繋いできた者、即ちスメラミコトを総称してサルタヒコと云います。

地上には、根から蒸し出て生まれた地神（竜神）が子宮を用いて誕生し、これがヒメの起源となりました。天神は火水の教えを元に竜神に秩序を芽吹かせました。その後に地神（竜神）と交わり、ヤマト人が生まれました。このヤマト人が人類の祖先であり、人類の正当な血統であり、また八百万の神と称されることになります。

ヤマトの男女が子孫を形成することで、支族の種類が多様化しました。幾度も文明の興亡を繰り返しながら、その末裔たちは世界各地に広がっていきました。この文明の創造と人々への指針となったのがカタカムナの教え、すなわち日月天神の教えでした。

これが後に《サッダルマプンダリーカ・スートラSaddharmapuṇḍarīka-sūtra》（白蓮華のごとき正しい教え）として語り継がれて行きます。いわゆる法華経ということです。

愛が育まれ、まぐわいがおこり火水の子供（ヤマト民族）が次々と誕生していきました。その、神々の産まれた人類の根源の地。それが国東なのです。国東で生まれたヤマトの民は世界中に広がりましたが、永い歴史の中で幾度も文明の崩壊と天地開闢を繰りかえしてきました。

天災が再び訪れた際には、ヤマトの正統な神々が日月天神からの教えを守り、文明を発展させていきます。しかし、ヤマト人から新たな人類が派生していくにつれて、秩序は次第に乱れていきます。その結果、天災や秩序の乱れが重なり、文明の興亡が何度も繰り返されます。

この繰り返しの中で、火山の噴火、大陸の沈没、竜宮城の掟の崩壊など、多様な経験がカタカムナの声から示されています。

人類はこれらの経験を繰り返し、天災によって遠くに逃れていたヤマトの子孫たちが長い時間をかけて日本に戻り、ヤマトの国を再建したり、また去ることを繰り返しているのです。

『古事記』の神代巻だけでは解明できない、想像を超えた経験が私たちの血を流れ続けています。公に理解されている歴史よりも遥かに前から、人間の祖先は高度な文明と永遠に続く知恵を持っていました。その真の火の意志を現世に映し出す、降り立った現象を読み解く術を、フトマニと呼びます。

仁聞菩薩は宇佐八幡の神体山で修行した

六郷満山《ろくごうまんざん》は大分県国東半島一帯にある天台宗の寺院群の総称で、神仏習合の文化が今日まで受け継がれています。その多くは今をさかのぼること約一三〇〇年前の養老二年に仁聞《にんもん》が開基したとの縁起を伝えています。仁聞は仁聞菩薩《にんもんぼさつ》とも呼ばれ、人聞《にんもん》とも表記され、宇佐八幡神の化身ともされる伝説的な僧侶です。

仁聞は、宇佐八幡の神体山である御許山で出家し、

仁聞菩薩

法蓮、覚満など四人の弟子を同行して、御身に油を塗り三年間焼き続ける焼き身の行を修したのち、国東の山々に仏法修行に入り、その修行は七十年あまりにも及んだといわれています。

各寺院に伝わる縁起によれば、仁聞が最初に開基したのは千燈寺《せんとうじ》です。これは、仁聞が五辻岩屋で修行をしていると、東北海の龍王がその徳に感じて千の燈を献じたことから名付けられたとされます。その後、仁聞は国東半島の各地に計二十八の寺院を開き、最初に開基した千燈寺の奥の院枕《いんまくら》の岩屋で入寂《にゅうじゃく》したと伝えられています。また、熊野磨崖仏《まがいぶつ》などの国東半島に多く残る磨崖仏も仁聞の作であると伝えられるものが多く、六万九千体の仏像を造ったとされています。修正鬼会《しゅじょうおにえ》を創始したとの言い伝えもあります。

六郷満山の六郷は、一般的には国東半島中央部の両子山を中心とした山稜の間に開かれた六つの郷、満山はそこに築かれた寺院群を指すと説明されますが、六郷は六合《りくごう》を暗示します。六合とは「天地と四方」「上下四方」「世界」「全宇宙」を意味します。

ですから六郷満山で「宇宙に満る山」という意味にもなります。実際、航空写真を見れば、国東半島は両子山を中心とした綺麗な蓮華台のような形状になっています。

さらに「満山」は「三つ山」であり、六合を照らす三つの山を現しているとも読み解けます。その三つの山は小門山、両子山、屋山の三山です。

六郷＝六合《りくごう》・・・・天地四方。上下四方。天下。世界。全宇宙。六極《りっきょく》。
満山＝三《み》つ山・・・小門山、両子山、屋山

国東半島は上空から見ると、蓮華台にも見えますが、「ひょっとこ（火男）」のような顔の形にも見えます。これは郷土史家の邦前文《くにさきぶん》吾《ご》先生に教えていただいたことなのですが、その顔の右目にツクヨミの山（屋《や》山《やま》）、左目にアマテラスの山（小門山《しょうもんさん》）、そ

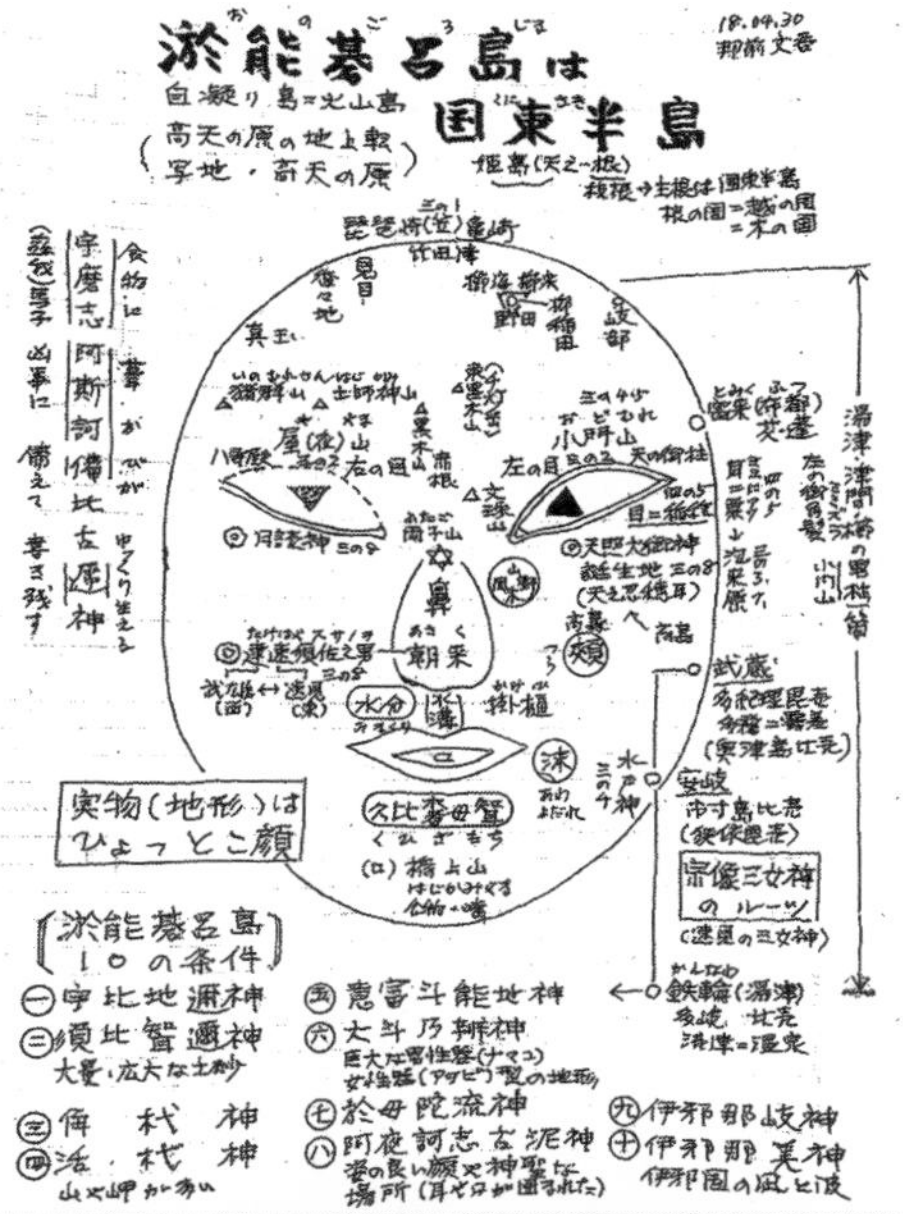

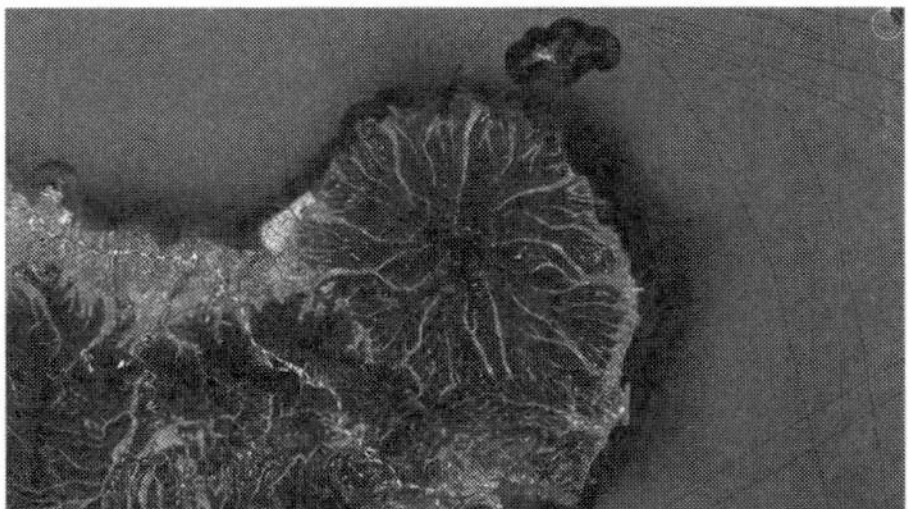

上空から見た国東半島

して鼻にスサノオの山（両子山《ふたごやま》）が当てはまります。

火男《ひょっとこ》の左目にあたる小門山はアマテラスの山になります。頂上には雄渡牟礼《おどむれ》城という山城跡があります。

右目にあたるのが屋山です。屋山は夜山でツクヨミの山になります。都甲地域の中心にそびえる標高五四三メートルの独立峰で、その名が示すとおり山全体が巨大な屋根のような形をしています。また、見る方角によってその姿を変えることから八面山とも呼ばれています。その山頂に築かれた屋山城からは都甲地域が一望でき、「鬼城耶馬《きしろやば》」とも言われる素晴らしい景色を楽しむことができます。特に、城の一番奥の「ショウケが鼻」から見える雄大な自然は絶景です。

鼻にあたるのが六郷満山の中心になる両子山で、スサノオの山です。

このスサノオの山にはアメノミナカヌシの御神木の痕跡が現在も残っています。

写真は両子山にある鬼の背割りと云われている岩の造形です。正中《せいちゅう》には人が一人やっと通れるくらいの狭間があります。この鬼の背割りの正面から上を見上げるとそこには顔のような造形が確認できます。

この鬼の背割りはまさに神と鬼を造形しています。それはタカミムスビとカミムスビを表わし、神仏発祥の聖地を象徴する遺構なのです。

両子山の鬼の背割り。見上げると顔のような造形が確認される。

六郷満山 両子山

両子山のアメノミナカヌシの台座

筆者はさらに両子山の山頂九合目付近でアメノミナカヌシを象徴する台座も発見しました。

その背後に樹が生えています。これは明らかに意図的に設置されものと考えられます。かつて六郷満山両子山にあった巨大な扶桑樹。それはアメノミナカヌシの御影であり、この台座は世界の信仰の根源がこの地であることをあらわしているのだということがわかります。

聖数二十八には仁聞菩薩のメッセージが秘められていた

国東半島には俗に二十八谷と呼ばれる短い河川が放射状に流れ、この谷に沿って村々が発達、それが六郷《ろくごう》となったとされています。両子山は、その放射状の谷の源であり、六郷のたたずまいのすべてを展望できるところであります。

しかし実際には二十八谷は半島の河川数とは一致しません。

六郷満山の寺院は本山《もとやま》、中山《なかやま》、末山《すえやま》の三山組織を持ち、その本寺の数もまた二十八ヵ寺です。

では、この二十八の谷と二十八の寺は何を現しているのか？　なぜ仁聞菩薩は二十八の寺院をこの地に建てたのでしょうか。

この二十八という数は法華経の品数つまり巻数を現す数でもあります。

宿曜占星術では天空の星座を二十八宿に編制します。宿曜占星術は空海によって日本に伝えられた『宿曜経』にもとづくもので密教占星術ともよばれます。

このように二十八という数は空海や仏教とも深い関係がありそうです。

この秘密を解くとこうなります。

二十八の谷と二十八の寺院をあわせると五十六になります。

28＋28＝56です。

五＝　イ　＝　形無きイキ

六＝　ム　＝　睦む

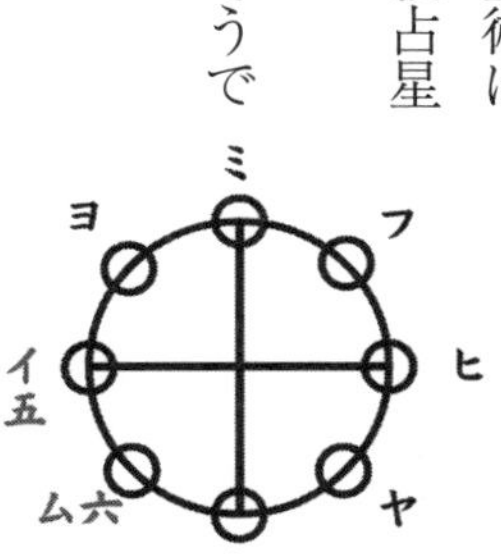

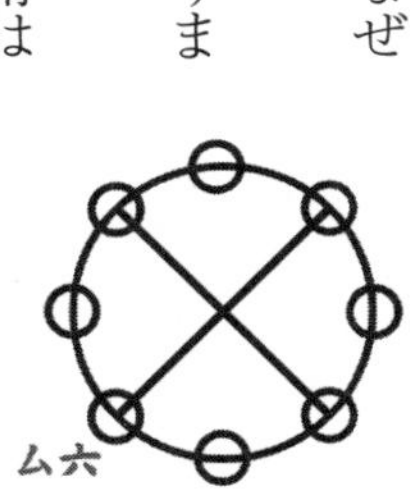

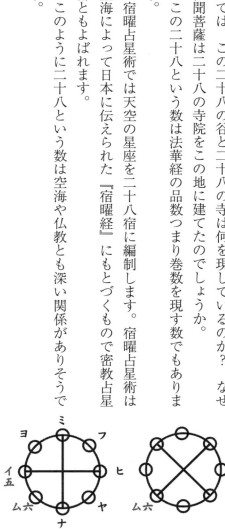

「仏」という字は、「イ」と「ム」から構成されています。カタカムナ中心図象であるヤタノカカミにそれらをあてはめてみると、「イ＝五」の位置は「＋」（プラス）に、「ム＝六」の位置は「×」（クロス）に対応します。これらの要素を重ね合わせると、「米」の字が形成されます。この形状、すなわち「イキ」を睦み、與むカタチという意味を持ち、それは菊花十六紋や稲荷と同義を持っています。

「米」の文字は、八十八という数字から派生したと考えられています。弘法大師空海によって開かれた四国八十八箇所巡りの聖数がここに見て取れます。この形状は、アメノミナカヌシ神を象徴しているのです。

一方、二十八の谷と二十八の寺は、タカミムスビとカミムスビ、すなわち天津金木の左旋と右旋を示しています。そして、それらを統べる存在としてアメノミナカヌシが表現されています。

この「二十八の谷と二十八の寺」の表現は暗号のようなもので、国東六郷満山にアメノミナカヌシの存在を示していると、仁聞菩薩からのメッセージと解釈できます。

ちなみに二十八は二番目の完全数です。完全数とは自分自身が自分自身を除く正の約数の和に等しくなる自然数のことです。

最初の完全数は6(=1+2+3)で、二番目の完全数は28(=1+2+4+7+14)で、三番目は496(=1+2+4+8+16+31+62+124+248)に飛びます。

完全数は非常に珍しく、まだ五十一個しか発見されていません。奇しくも五十音に「ん」を加えた数で、これ以上あるのかどうかはわかっていません。

また二十八は原子核が特に安定する陽子と中性子の個数の合計でもあり、成人の頭蓋骨を構成する骨の数や成人の歯の数にも一致します。

このようにそこには深いカタカムナの理が貫かれているのです。

六万九千体の仏像に暗号が秘められていた

熊野磨崖仏などの国東半島に多く残る磨崖仏も仁聞の作であると伝えられるものが多く、六万九千体の仏像を造ったとされています。

ここで仁聞《にんもん》について文字と言靈からその象徴的意味を明らかにしておきましょう。

仁　＝　イ　＋　二

イ・・・空中ノ水ノ靈。出る息なり。命なり。

二・・・火水ノ靈。天地なり。日月なり。火水ノ凝《こ》りなり。丹なり。非なり。従なり。

仁　＝　命・天地

聞　＝　門　＋　耳

門・・・出入り口、形になる前の入り口を表している。

耳・・・形態を要する一式。

またはミミ＝33

3月3日⇒桃＝国東　国東三十三靈場　北緯三十三度

ミミとは水水の義なり。井の水、右に搦たる水と、左に搦たる水と、左右を呼びて水水と云名をなすなり。とあります。また、聞というのは、基水に音の響くことをいいます。

つまり仁聞とは、タカミムスビとカミムスビを統《す》べるアメノミナカヌシ、そしてそのアメノミナカヌシの主《ス》の経綸、桃への道という意義と読み解くことができます。天地より出た水火《イキ》の音《こえ》の響きを聞く者となります。つまりは、カタカムナウタヒの響きを聞く者とも読み解くことができるのです。

仁聞菩薩は国東の六郷満山にタカミムスビとカミムスビを統べるアメノミナカヌシの存在を知らしめている者であり、その痕跡を辿り暗号化して残していた者であり、カタカムナの伝承者であったと考えられるのです。

桃は百《もも》であり、アメノミナカヌシから百番目の神にあたるスサノオノミコトがお生まれになるまでの「道の原理」も示されています。

この百の神様が、人間の心を構成している要素（躰《たい》）である五十個の言霊と、その運用法（用《はたらき》）五十、計百の原理（道）を示しているので、初めのアメノミナカヌシより百番目のタケハヤスサノオ命《みこと》までを言靈百神と呼んでいます。

百道＝モモチ＝桃の道であり、この「道の原理」を現しているのです。

「五十」が元で「百」になるので、「百」の根底は「五十神《いそ》」です。「イソのカミ」が次々出現し、それが次の「五十神」という構成になるのです。

仁聞菩薩は六万九千体の仏像を六郷満山に残したという伝説がありますが、誰が実際に山で数を数えたのでしょうか。この六九〇〇〇という数字も秘密裏に暗号化されていると考えられます。

六九〇〇〇は六と九と〇が三つですので六九三となります。まさにミロクがここに読み解けてきました。

六九は陰陽でありタカミムスビとカミムスビです。

三は三元です。「剛体、柔体、流体これを上帝の全体という」と出口王仁三郎は示しています。(『霊界物語』第十三巻総説)

つまり、かつて国東半島にアメノミナカヌシの御神木が存在しており、人類の根源的な聖地だったということが仁聞からの暗号で読み解けてきます。

地上に顕れた万象のカタチから占術が生まれた

布斗麻邇《ふとまに》は太占とも書き、武州御嶽社などで行われる神事や記紀などの叙述などから、一般的には亀甲や鹿の肩甲骨を焼いて亀裂の入り方で吉凶を占う古代の占術と考えられていますが、その本源はカタカムナの玄理にあります。それが山口志道の家に伝わる布斗麻邇御灵であり、カタカムナの中心図象符ヤタノカカミと定義つけられている「印の御灵」になります。

カタカムナを解読していくとその根本玄理も理解することができます。「人の目に見えないがつねにめぐる真《まこと》の火の用《はたらき》は必ず現象に投影し、地上に万象《ばんしょう》の形を顕し、主から創造された兆《きざ》しを写し出す。幾千万と無数に分かれているように見える現象も一滴の種から始まり、様々な因果と與《く》まれ、兆しを写し出すことで一つの現象から神意を読み解き、正《ま》中《なか》の一滴の種へと道は続く」とその理がはっきりと明示されているのです。

つまり占術としての太占も一つの現象から神意を読み解く術《すべ》として生み出されたものだということです。

古《いにしえ》のヤマト民族は、その天地自然の現象を読むことでアメノミナカヌシの現象界への変化を立ち回り、新たな創造の道へ歩んでいました。

例えば、竜宮城の掟というのはヤマト民族の正統な血統を維持する為に日月天神により考案された仕組みでしたが、その掟を破る者が現れた時に、その者をせめるのではなく、それ自体の起きた現象が天からの啓示だと読み解き、永く続いた制度を廃止して女性は外に出るようになりました。

そのことによって、新たな人類の流れが起こり、新たな支族も誕生し、この世は天によって、よく動かされてゆくことを理解していたからなのです。

一見災いのように見える現象も、実はその後に必ず意味のある兆しとして捉えるということが太占の根源的な原理なのです。その原理から派生して、技術的な亀卜や鹿の肩甲骨の卜占へと技術が発展し枝分かれしていったとあります。技術や教えというものも時間が経つとその本質は薄れ、表面的なものや形骸的なものが残ってしまうということも描かれているのです。

対馬の天道法師と国東の仁聞菩薩は同一人物だった

神事、占術としてのフトマニは古くは対馬において行われていました。
『布斗麻邇秘伝』（八幡書店）には横山孫次郎『対馬亀卜談』（昭和三年）、大原美能理『太兆亀相伝』（明治二十八年）という珍しい資料が復刻収録されていますが、その解説に、
神典に伊奘諾、伊弉冊二尊が御子水蛭子を生み、ふさはずとて、天神の御教を乞いました時、天神は、太占に卜し教えらるるところがあったと見えるが、さて古代の太占

神事が具体的にいかようのものであったかは、なかなか知る手掛かりがない。『対馬亀卜談』はしがきによれば、亀卜法に関しては世にさまざまな伝書と称するものはあるが、いずれも錯雑不同、断片的であり、横山孫次郎は大正十一年、古伝を求め対馬に渡る。

とありますように、布斗麻邇についてはその本質が隠され秘められていたことが窺えます。

しかし、カタカムナを言灵によって読み解いてゆくと、そのフトマニの玄理玄則がカタカムナの音《こえ》から示されていることが明らかになります。フトマニの玄理はカタカムナの核心であり、カタカムナを理解するためにはこの概念の理解が極めて重要です。

それにしても、かつてなぜ対馬の地で太占の神事が行われたのでしょうか?

筆者も太占の神事が行われた現地へと向かい、対馬の伝説を調べてゆくと浮かび上がってきた人物が天道法師でした。対馬には「天道信仰」という独自の信仰が存在しますが、その中核になっているのが天道法師の物語です。

天道法師は、宝野《ほうや》上人、天道菩薩とも呼ばれ対馬ではよく知られた伝説的聖人で、七世紀の終わり頃から八世紀にかけて活躍したとされています。

『対州神社誌』によれば、天道法師は、対馬南部の豆酘《つっ》村の娘が、太陽の光を浴びてその精を受けて懐妊して誕生した神童で、十一面観音の化身といわれ、九歳にして奈良の都に渡り修行を重ね巫祝の術を得て神通力をよくし対馬に帰りますが、文武天皇が病に倒れた折に、空中飛行の法力を以て奈良の宮廷に赴き病を治し、その功によりさまざまな特権を与えられ、宝野上人の號を給わり、行基菩薩を誘って対馬に帰国したとあります。

同書によれば、天道法師は豆酘の卒土《そと》山（龍良山《たてら》）に入定し、母は久根の矢立山に葬られたということです。その後、天道法師は佐護の湊山に出現します。

豆酘の龍良山を中心とした神域には南に八丁角《はちちょうかく》、北に裏八丁角、多久頭魂《たくずたま》神社境内の不入坪《いらぬつぼ》という三箇所の至聖所がありオソロシトコロと総称されています。いずれも石積の祭壇があり、天道法師の墓ともいわれています。

「オソロシトコロ」は一般的には「恐ろし処」と認識されていますが、これは巧みに本質を秘め隠すための暗号であると直観したので、言靈によって読み解きました。そうしますと、「オソロシトコロ」は、

オソロシトコロ

天からの神啓示をうけ、天道法師の実態を隠し、八幡神の化身となり仁聞菩薩として極まり至て重く降臨する。動くものは仁聞菩薩にて、動かしむるは天道法師也。万物の基（国東の地）の処に與み凝り固まる。

と読み解くことができました。

「カタカムナウタヒ」四十一、四十二、四十三首を言靈で読み解くと、対馬において、光の一団が日と月の集団に分かれ、日の集団は子孫繁栄の神道に、月の集団は先祖供養の仏教へとその姿を変えてゆき、日月天神の産まれ故郷の国東のアメノミナカヌシの地へと帰還することを約束したことが示されています。

そこには、六郷満山と宇佐神宮において神仏集合＝神仏習合が実現される因縁が示されていたのです。八幡大菩薩と称されるように宗教史においても最初の神仏習合は宇佐八幡であったとされています。天道信仰は、母神の神魂神と子神＝多久頭魂神《たくずだま》（天道法師）の母子を対とする二神として構成されていますが、この構造は神功―応神という八幡信仰の特徴ともなっています。

また天道法師の母に関しては豆酘《つつ》の照日某の娘という説以外に、虚船に乗せられたある高貴な女性が豆酘に漂着し朝日の精を受けたという説もあり、これは朝日の精を受けて懐妊した震旦国王の娘大比留女《おおひるめ》の子が虚船で流されて漂着し八幡神となったという大隅正八幡宮の縁起との共通性が指摘されています。

神仏習合の構造が、八幡信仰と相応するかたちで、対馬で相似象的に示されていたわけです。

朝日の精を受けて誕生するという生誕説話は、天道法師が皇尊《すめらみこと》となる覚醒者であることを示しています。

さらに、天道法師の母が「朝日の精を受けて誕生する」の件は言靈の法則で読み解くと、朝日とは正火の灵を現しており、それは皇尊を現しており、この皇尊とは天照と月読の灵を覚醒しカタカムナを開けし者のことを現しているのです。

皇尊とはヤマトの末裔であり、神灵によって神人合一した存在であります。

天道法師の母は六八三年あたりに懐妊したとされており、九歳にして仏門に入り、奈良の都で修行を重ねとあります。九歳にして奈良で修行をするということは、奈良に縁があるからだとかんがえられます。そしてさらに天道法師の伝説的な所業から、その年代にある人物が浮かんできます。それは役小角《えんのおづぬ》になります。

役小角は舒明天皇六年（六三四年）にヤマト国葛上郡茅原郷（現在の奈良県御所市茅原）

に生まれ、天道法師の母が懐妊する際には四十九歳くらいになります。

そして、もう一人、法道仙人という伝説の人物もいます。

六四五年頃、釈迦が法華経を説いたインドの霊鷲山《りょうじゅせん》より中国・朝鮮半島を経由して、雲に乗って日本へと渡ってきたとされています。その通り道に対馬があります。朝鮮半島と日本の中継地点である対馬に立ち寄らないはずはありません。

年代的には、法道仙人が日本へやってきた時に、役小角は十一歳くらいですので、天道法師の母の懐妊は役小角の方が濃厚ですが、法道仙人と役小角と天道法師には共通点があります。それは仏門に関係があり、カタカムナとも繋がってくる見えない糸があるのです。

法道仙人は、大分県の羅漢寺を開山した後に、播磨一帯を開山し兵庫の方にまで開山しています。同じ時代に生きていたならば、役小角と関係があったことは十分考えられます。

そして、間違いなく法道仙人はカタカムナウタヒと図象符を知っていました。

なぜならカタカムナとは日月天神より始まり、日月天神は天竺《てんじく》では、日月燈明《にちがつとうみょう》如来として法華経に伝承されているからなのです。つまり、法華経の究極の真理はカタカムナと繋がってくるのです。

石原慎太郎『現代語訳 法華経』を読むと、その世界観はまさにカタカムナを読み解く世界観と共通します。一例を抜粋します。

その名は日月燈明という如来で、供養を受けるにふさわしい人であり、正しくあまねき智慧をそなえ、智慧と実践とが完全にそなわっており、悟りに到達した人で、世界のすべてに通じておられ、最上の人、人間の調教師、天の神々と人々の師であり、仏、世尊と名づけられた。

正しい教えを述べて説かれたが、初めもよく、中ほどもよく、最後もすぐれていました。その教えの意味は極めて奥深く、またその言葉も精妙で巧みであり、内容は純粋で余分なものはなく、完全無欠で、清浄で、清らかな修行のありさまを示していました。

カタカムナを読み解く中でも、日月天神が子孫であるヤマト民族を引き連れて天竺で教えを説き、悟りを開かせる描写も抽出できました。

その後も同じ名前の日月燈明如来が二万人も次々に現れたといいます。

二万人の日月燈明如来を単純に一人八十年と計算すると百六十万年となり、それは国東火山の噴火した年代とおおよそ符合してくるのです。

そして、天竺は大火災にあいヤマト民族のグループは日と月の二つのグループに分かれて、天神の故郷である地で再び集合することを誓って旅立つことになりました。

その日月天神とカタカムナの発祥の地である国東に、法道仙人はインドの霊鷲山からやってきました。法道仙人とはスメラミコトの靈流であり、その後継を役小角へと繋げ、役小角は対馬で子をつくり、それが天道法師となり九歳で奈良に修行に行った——このように点と点が綺麗に繋がってきます。そして熊野古道には、箸折峠《はしおりとうげ》の牛馬童子《ぎゅうばどうじ》の伝説が残っています。牛馬童子というのも言靈によって読み解くと、次のように解されます。

牛と馬は我が国の灵獣《れいじゅう》とされています。牛の灵は、天と地の氣の正中の穴から神と人が一体となることを示しています。一方、馬の灵は、天と地の氣の外部から人間と天が組み合わさり、主導者となる事を象徴しています。これらを通じて、スメラミコトの役割を果たし、働く人々を支える意となります。

天道法師は役小角のもとで、スメラミコトの修行についていたのだと理解できます。そして、その奥義は如意寶珠と繋がり、八咫烏、稲荷、カタカムナへと見えない糸は結ばれていきます。この話は長くなりますので別の機会へと譲らせていただきます。

つまり、天道法師はその後自分の根源の祖先へと続く壮大な祈願である、根源の地での神仏習合の成就を成し遂げる役目があったのです。

かくして天道法師は三十五歳の時に、八幡神の化身である仁聞菩薩と名を改め大分に入り、六郷満山と御許山《おもと》を開山していったのです

この構造こそ、スメラミコト（皇尊）の構造であり、オソロシトコロの名が指し示しているところでもあります。天の氣を降し、天道法師はその名を秘めて仁聞菩薩と改名し神仏習合の宇佐神宮と六郷満山を開山していったのです。

仁聞菩薩は八幡神の化身とされますが、八幡神を言灵によって読み解いてみますと、

八幡＝ハチマン＝ヤハタ

ヤハタとは、火と水の二つを司り、天地創造の種子となる存在です。また、「ヤハ」は、言靈の法則によると、文《あや》を示します。「ハハ」は、太陽を象徴する天照の神道と月を象徴するツクヨミの仏道、これら二つを意味します。したがって、ヤハタは神仏習合の象徴であると言えます。

また、「タ」とは、日と月が連なってタマとなる、とされています。この意味合いから

見ると、「八幡」＝「はちまん」＝「ヤハタ」とは神仏習合の意義を持ちます。宇佐神宮や六郷満山は、神仏習合の象徴です。これらを開山した仁聞菩薩は、八幡神の化身であったとされています。では、神仏習合が本来示す意味とは一体何なのでしょうか？

それは、アマテラスとツクヨミは日月天神というひとつの元祖の神だったということを表しています。そして、その教えが神道と仏道に分かれたので、元は一つだったということを象徴しているのです。

八幡神は、神仏集合の神であり、日と月の神、すなわち日月天神であるとされています。八幡神が日月天神の化身であるということは、それは神人合一した皇尊《すめらみこと》という意義を持つと言えます。皇尊とは、アメノミナカヌシの氣が宿り、カタカムナを芽吹かせ、天地開闢を行う者を指します。

太陽を象徴する神道のタカミムスビ、そして月を象徴する仏道のカミムスビ、この二つを宰り天地開闢した日月天神と、ヤマト民族も、八幡という意義に重なります。

仁聞菩薩となった天道法師は、八幡神の化身として神仏習合の六郷満山を開基し、この神業を成就させていきます。

対馬は対となる島で北部と南部にわかれています。その中間地帯の海辺にあるのが和多都美《わだつみ》神社です。このワタツミを言靈で解くと「水火水《しほみつ》のタマ、列《つら》なり続く」という玄意が開示されます。

シホミツタマとシオヒルタマは山幸彦と海幸彦の物語では不思議な呪力をもった玉とされていますが、ワタツミの名がそのままシホミツタマを現していたのです。

シホミツタマを言靈解しますと「地を宰り、万物の形をなす」という意味になります。つまり、見えない空より形を顕す現象化の最初の一滴の水を現しています。そして、シホヒルとは、逆に「現象から見えない空へ昇華する」ことを意味しています。

和多都美神社

これは造化の理でいうと、タカミムスビは火でシホヒル、カミムスビは水になりシホミツになります。

タカミムスビ＝火＝日＝神道＝子孫繁栄＝シホヒル＝火水火　北の上県郡《かみあがたぐん》

カムミムスビ＝水＝月＝仏道＝先祖供養＝シホミツ＝水火水　南の下県郡《しもあがたぐん》

対馬の地勢にはこの玄理が反映され、北の上県郡《かみあがたぐん》がシオヒルで、南の下県郡《しもあがたぐん》シホミツとなります。

筆者も南と北で神社を巡りましたが、実感として雰囲気がガラリと異なります。南は神氣の潤いを強く感じられたのですが、北側は神氣が空に感じられ、土地自体もどこかカラッとした感覚がありました。これは北にシオヒルが投影され、南にシオミツが投影されているからです。

天道信仰の聖地も南北にあります。南の豆酘《つつ》には多久頭魂《たくずたま》神社が北の佐護《さご》には天神多久頭魂神社が対をなし鎮座します。さらにこの両社には、天道法師の母神を祀る神社として、豆酘には高御魂《たかみむすび》神社、佐護には神御魂《かみむすび》神社が鎮座します。シホヒル・タカミムスビの北にはカムミムスビ、シホミツ・カムミムスビの南にはタカミムスビを配することでそれぞれに螺旋的に順流、逆流のバランスをとっているわけです。

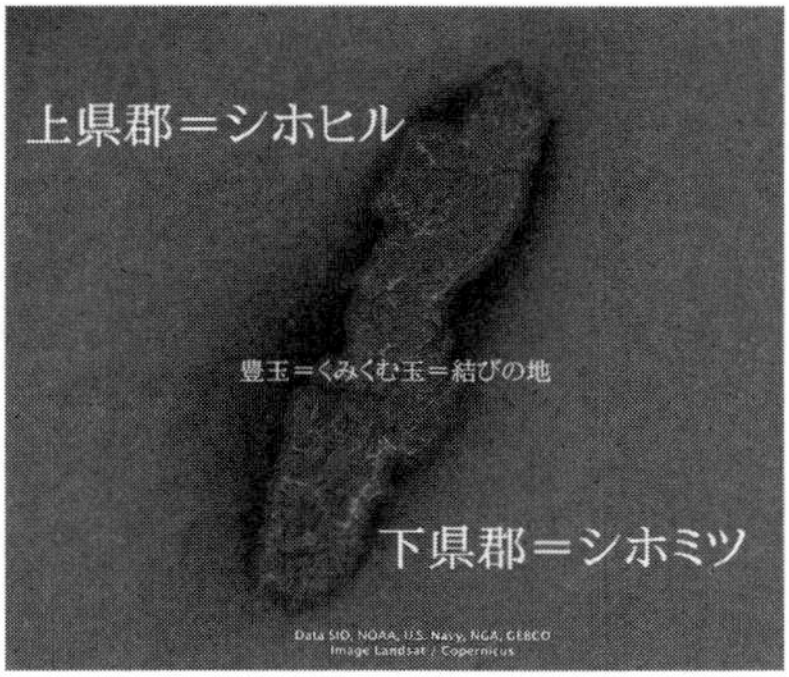

水火の玄理を反映する対馬の霊的地勢。

また、両郡に八幡宮と号する神社があり、上津八幡宮（海神神社）・下津八幡宮（厳原八幡宮）と並び称されてきたことも注目されます。

そして両郡を結ぶ中間にある和多都美神社には豊玉姫が祀られていますが、トヨタマとは「與みくむタマ」で、シホミツ玉とシオヒル玉を中心で與んでいるという構造になっています。

ここでは火水の理が凝縮し、それが日本を凝縮した型ともなっているのです。

その火と水を宰るものこそ、八幡神の化身であり、天道法師の最終形態の仁聞菩薩ということになります。

稗田阿礼はカタカムナを伝承した

『水穂伝』付言に、
もともと、我々の国には書物や文字は存在せず、言靈以外には教えがなかったと言われています。五十音順と十行の仮名は、神代の御書であり、天地および万物の起源と終焉を理解するために必要なすべてを含んでいました。

つまり、吾国には文字というものは存在しなかったのです。これは、カタカムナの図象が原初から存在したわけではないということを意味します。カタカムナは言靈によって構成されたウタであり、カタカムナ文字は後世にそのウタを記録し継承するために考案された図象だったということになります。

また、『水穂伝』付言には、

十六代応神天皇の時代、百済から来朝した者たちが多数の漢書《からふみ》を献上しました。これ以降、我が国でも漢国の学問が行われるようになり、神代の言葉はすでに使われなくなっていました。これを憂えた四十代天武天皇は、稗田阿礼に命じて神代の古言を語らせ、記録させせました。そして四十三代元明天皇の時、和銅四年辛亥に太朝臣安麿に命じて、阿礼が学んだ伝承を書き記させました（阿礼は六十六歳）。これが『古事記』であり、皇国の大道を後世に残すものとなりました。

とあり、その割注で

『古事記』は、和銅四年の九月に命じられて、同五年の正月に奉納されました。一方、山城国の稲荷神は四年の二月に現れました。このことから考えると、稲荷の古伝と唱えられるものは、阿礼の伝承が残されたものかもしれません。

と、『古事記』撰録の命の約半年前に伏見の稲荷社が成立していることに注目し、「稲荷古伝」との関連を示唆しています。

稗田阿礼は歴史上では謎の人物とされていますが、大石凝真素美『真訓古事記』には、

稗田の阿礼は、大伴一族出身で、近江から丹波に移り住み、佐伯氏と名乗っていました。彼の住む丹波国西桑田郡の佐伯村では、阿礼氏を氏神として祭りが行われていました。この佐伯氏は丹波から安芸に分家し、安芸の佐伯氏からさらに讃岐に分家したものです。空海は、この讃岐の佐伯氏から生まれたとされています。空海と阿礼には共通の特徴があり、記憶力が強いという点で、同じ血族の人間としての類似性が見られます。(大宮司朗編『大石凝靈学全集』第三巻一一二頁)

と記され、空海と阿礼はともに佐伯氏で同血族であることに注目しています。

空海もカタカムナウタヒを知っていた

空海は、宝亀五年（七七四年）、讃岐国多度郡屏風浦で郡司の佐伯直田公《さえきあたいたぎみ》を父、阿刀の娘を母として生まれ、幼名は佐伯眞魚《さえきまお》でした。

その姓「佐伯」に注目すると、九州の大分県に佐伯市《さいき》があります。古くは佐伯水軍の根拠地として知られていました。

大分県（豊後）は福岡県（豊前）と並んで北九州に位置していますが、かつては豊国《とよのくに》と呼ばれていた場所です。

『隋書』倭国伝には、竹斯国（筑紫）の東に「秦王国」があって、住民は「華夏《かか》」つまり中国人に似ているようだがよくわからないと記されています。本当に中国人であれば言葉が通じるはずですがそうは書かれていないので、文化が他の倭の地域より高度であったということです。

『隋書』の地理的記述から、秦王国は豊前豊後から周防に及んでいたと考えられます。

秦王国というのはもちろん秦氏の居住地ということです。その秦王国の領域に佐伯の名前が地名としてあることから、佐伯氏は秦氏の支族と考えられます。

秦氏は一般的には渡来人ということになっていますが、実は彼らは国東半島にあったアメノミナカヌシの顕現である扶桑樹から蒸し生まれた天神と地神（竜神）から生まれた根源人種ヤマトの末裔なのです。当時の秦王国は、『隋書』倭国伝によれば、秦王国は現在の北九州から、中国地方の周《す》防《おう》、厳島方面まで広がっていたようです。

厳島神社の社家も佐伯氏であり、広島県の佐伯郡の由来はそれに由来し、九州の佐伯水軍の中継地は広島県一帯にありました。

ちなみに中国に伝来した景教（キリスト教ネストリウス派）の研究家として著名な佐伯好郎はクリスチャンですが、厳島神社の社家の出身で、空海とは同族の佐伯氏であったことに時空を超えた因縁を感じさせます。

空海と仁聞菩薩

イギリスの宗教学者エリザベス・アンナ・ゴルドン夫人は、明治四十四年（一九一一年）に空海の開創の地・高野山に、中国西安にある「大秦景教流行中国碑」を忠実に再現した模造碑を建立したように、空海の真言密教と景教の関係性については早くから注目されていました。

空海の幼少名である「眞魚」にも不思議な暗示があります。イエス・キリストはしばしば「魚」で象徴されます。初期のキリスト教徒は弧をなす二本の線を交差させて魚を横から見た形に描いた図形を隠れシンボルとして用いました。これをギリシャ語でΙΧΘΥΣイクトゥスと言いますが、この五文字は「イエス、キリスト、神の、子、救世主」を意味する言葉の頭文字になっています。そうしますと、空海は真の神の子、真の救世主という名前を付けられていたということになります。

「カタカムナウタヒ」を言靈で読み解く音《こえ》と、さらに空海の八十八、彼が遺した書物、行動、伝承等を総合的に考察すると、彼は真《まこと》の火の継承者であり、すなわち皇尊の継承者であると理解できます。

ここで言う皇尊は、天皇を指すのではなく、神界の役割を現世で担当する者を指すのです。つまり、彼の役割は人間界ではなく神界からのお役目であるということになります。

「五大にみな響きあり、十界に言語を具す、六塵ことごとく文字なり、法身はこれ実相なり」（『声字実相義』）と説き、宇宙は大日如来の音声であり、文字であり、流出変化する身体であるとした空海の思想は、彼がカタカムナを知っていたことを暗示しています。

その空海と稗田阿礼が同じ佐伯一族だったことだけではなく、カタカムナウタヒと言灵を開けし者だという共通点も感じられます。

『古事記』序文には、壬申の乱の後、天武天皇が稗田阿礼を相手に帝紀、旧辞の削偽定《さくぎじょう》實《じつ》（偽りを削り、真実を定める）を行ったという記事がありますが、おそらく稗田阿礼はカタカムナウタヒをそこで奏上したが、その中の神寶は伏せていたのだと推測できます。

稲荷の秘伝であるカタカムナウタヒは究極の仕掛けが施されていて、歌を聴くだけでも、言灵の法則を合わせるだけでも解くことはできないのです。解き方も何重にも仕掛けが施されていて、決して神寶が漏れることはないのは、筆者が解読を進めてよく理解できることなのです。

話は戻りますが、大分県の佐伯一族は、祖母山の蛇神の末裔とされています。祖母山は『ウエツフミ』によれば天孫降臨の聖地となっています。

宮崎県の高千穂で発見されたペトログラフには「ヒエタノアレモコロサレキ」と記されています。これは「稗田阿礼も殺されき」と解釈されていますが、実は「ヒエタノアレ、モコロサレキ」であり、言灵で読み解くと「天神からの直系の末裔（純度の高いヤマト民族＝稲荷秘伝の伝承者）、五十連十行《いつらとしま》の言灵を與《く》み塊《かた》め降す者」という意味になります。

つまり空海も稗田阿礼も稲荷秘伝の御伝《みつた》えの継承者だったのです。

フトマニの秘儀が房総半島に伝承されていた

ここで、杉庵志道こと山口志道の家に代々伝わっていた神寶布斗麻邇御灵《ふとまにのみたま》ついて述べておきます。
この布斗麻邇御灵は、上から【天之御中主神《あめのみなかぬしのかみ》の御灵《みたま》】【高御産巣日神《たかみむすびのかみ》・神産巣日神《かみむすびのかみ》両神合体の御灵《みたま》】【伊邪那岐神《いざなきのかみ》の御灵《みたま》】【伊邪那美神《いざなみのかみ》の御灵《みたま》】【伊預二名島《いよのふたなのしま》】【筑紫島《つくしのしま》】【大八島《おほやしま》国】をあらわしています。これを志道は三十余年かけて研究し、最終的に荷田訓之から授けられた「稲荷古伝」を以て解読に成功したのです。（次頁参照）
なぜ山口家にこのようなものが伝わっていたのでしょうか？
ここで志道の出生地が安房国であったことが注目されます。筆者も偶然にも千葉県館山市の出身であり、幼少の頃は安房国一の宮である安房神社の境内でよく遊んだものです。

布《フ》斗《ト》麻《マ》邇《ニノ》御《ミ》灵《タマ》　一名謂二火《カ》凝《ゴ》灵《タマ》一

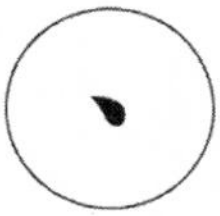

父一滴《イツテキノ》御伝

天之《アメノ》御《ミ》中主《ナカヌシノ》神《カミノ》御灵《ミタマ》

父《チチノ》丶《火》與《クミ》三母《ハハノ》○《水ニ》一母《ノ》○《水》亦《マタ》搦《カラム》三父《ノ》丶《火ヲ》一御伝

高《タカ》御《ミ》産《ム》巣《ス》日《ビノ》神

神《カミ》産《ム》巣《ス》日《ビノ》神

両神合躰《カツタイ》御灵

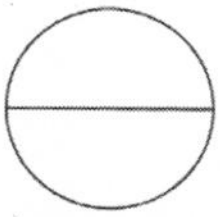

丶《火》動《テ》三胞衣《エナ》内《ノニ》一作三一《火ノ》形《ヲ》一御伝

伊邪那岐《イサナキノ》神《ノ》御灵

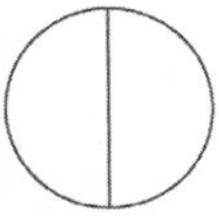

○《水》動《テ》三胞衣《エナ》内《ノニ》一作三丨《水ノ》形一御伝

伊邪那美《イサナミノ》神《ノ》御灵

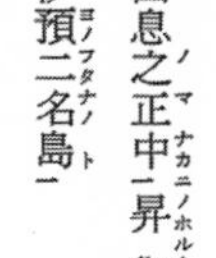

位《シテ》三出息之《ノ》正《マ》中《ナカニ》一昇《ノホル》御《ミ》灵《タマ》

謂《フ》三伊《イ》預《ヨノ》二名《フタナノ》島《ト》一

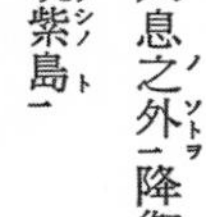

搦《テ》三入息之《ノ》外《ソトヲ》一降御灵

謂三筑紫《ツクシノ》島《ト》一

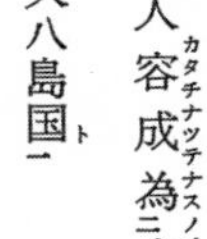

天地人容《カタチ》成《ナツテ》為《ナス》三水《ノイ》火《キヲ》一御灵

謂《フ》三大八島国《ト》一

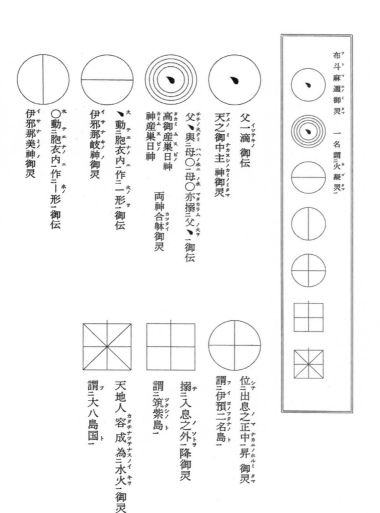

安房神社の祭神は天太玉命《あめのふとたまのみこと》です。岩戸隠れの際、アマテラスを岩戸から出すためにオモヒカネが考えた策で良いかどうかを占うため、アメノコヤネとともにフトマニで占った神さまです。これは安房の山口志道の家に布斗麻邇御灵が伝わっていたことと付合します。

アメノフトタマは忌部《いむべ》氏の祖神で、忌部氏は四国の阿波《あわ》で大きな勢力を持っていました。弘法大師が同じ四国の讃岐の出身であるのも深いつながりを感じさせます。

阿波忌部の本拠地である徳島県美馬市穴吹町口山は白人《しらひと》神社という古社があります。忌部氏の末裔とされる七十五人の宮人《みようど》が祭祀を司ってきました。この七十五という数は中村孝道系の言靈真澄の鏡の七十五声に照応しています。神域には四神石とよばれるメンヒルがあり、さらに奥の院には、南北約七メートル、東西約二十二メートルの範囲を石垣が長方形状に囲郭する異形の磐境神明が祀られています。

その阿波忌部氏の天富命《あめのとみのみこと》が一族の一部を率いて黒潮に乗り、南房総の布良《めら》海岸に上陸し、祖父のアメノフトタマを祀ったのが安房神社の起源とされています。『古語拾遺』な

安房神社

どではアメノフトタマ命は高皇産靈尊の子とされています。

また、安房国には滝沢馬琴の『南総里見八犬伝』という有名な大長編小説があります。その主な舞台は里見氏の最後の居城があった館山です。八犬士が持っていた八つの靈玉が綾なす『南総里見八犬伝』の構造と『水穂伝』の構造には共通点が感じられます。伏姫の夫となるべき人物として八犬伝の物語解釈上に重要な位置を占める人物は「丶大法師《ちゆだい》」という名前で、これは「犬」という文字を分解したものですが、「丶」は「稲荷古伝」では「水中火」と示されていることはなにか暗示的なものを感じさせます。

房総の安房にはフトマニの秘儀が地下水脈のように伝承されていたのではないでしょうか。

伏見稲荷社は『古事記』撰述と並行して造営された

山口志道は自家の小祠に祀られていた「布斗麻邇御灵《ふとまにのみたま》」を解読するために国学を学ぶこと三十年、文化十二年九月に下総国古河の荷田訓之から伏見稲荷に伝わったという「稲荷古伝」を授けられ、それが「布斗麻邇御灵」から割き別れて出来た水火二元の形であり、形仮名のもつさまざまな音思念をこの形から演繹するに至りました。

伏見稲荷大社は、京都盆地東山三十六峰の最南端の稲荷山（標高二三三メートル）三ヶ峯の西麓に鎮座し、稲荷山全体を神域とする屈指の大社で、全国三万余を数える稲荷神社の総本社として知られています。

このあたりは古くから秦氏の勢力圏内にあったのでしょう。『山城国風土記』によれば、秦伊侶巨《はたのいろこ》が餅を使って的として矢を射ったところ、餅が白鳥に代わって飛び立ち、この山に降りて稲が成ったのでこれを社名としたともいわれ、「稲荷社神主家大西（秦）氏系図」は和銅四年二月に伊侶巨が創建したと伝えています。

山口志道（1765～1842）

伏見稲荷の祭祀は、伊侶巨を祖とする秦氏系の西大路、針小路、大西、松本、祓川などの諸家と羽倉氏によって担われてきました。

羽倉氏だけは泰氏とは別に荷田《かだ》宿禰姓を称し、雄略天皇の後裔と称してきました。有名な国学者の荷田春満も社家の出身で境内の東丸《あずままろ》神社に祀られています。山口志道に「稲荷古伝」を授けた荷田訓之はその末裔でした。

伏見稲荷の創建は『古事記』編纂の命が下される和銅四年九月の約半年前であり、「稲荷古伝」と稗田阿礼の古伝には深い関係があったと考えられます。

志道は『水穂伝重解誌一言法則』において

志道か家に古くより伝はる布斗麻邇の御灵は、何れの神、何れの人の作り玉へる事とは知ねとも、人の目に見えさるの天地水火自然の理を目に見するの法則也……稲荷の古伝ちふものは、自然の神書なり

としたうえで、次のように述べています。

太の朝臣安麿による『古事記』の製作は、和銅四年の九月から始まり、翌年の正月には上皇へ献上されました。また、山城国稲荷の神殿は和銅四年二月に建てられました。これらの事実から考えると、『古事記』を製作をしたものの、なおも言靈の道がすたれることを恐れ、五十連の法則と水と火の形を記したものを稲荷の神躰として収められたものと思われます。これは私の推測ですが、数百年の間、このことを知る人はい

ませんでした。享保の時代になって荷田東麻呂が稲荷の古伝を社務から伝えられましたが、その学びを継承する者はなく、荷田訓之まで伝えられ、訓之がこれを杉奄志道こと私に伝え、ここに至ってようやく私が布斗麻迩の御灵とあわせて考察し、稲荷古伝が御灵より分かれた水火のイキの形であり、つまり天地の氣を知るための御伝であることを悟り得たのです。

伏見稲荷は日本の靈界の縮図だった

大石凝真素美は空海と稗田阿礼はともに佐伯の同族であることに注目しましたが、空海と伏見稲荷も深い関係があり、伏見稲荷は空海が建てた東寺（教王護国寺）の鎮守として崇敬されました。天長三年（八二六）、空海による東寺五重塔建立の際に稲荷山が材木供給地となっています。また空海の母の実家で東寺執行職を務めた阿刀氏と荷田氏は姻戚関係にありました。

これに関連して、『稲荷大明神流記』には、空海が稲荷神を勧請したという次のような伝えが記されています。

――弘仁七年（八一六）四月、空海は紀伊国田辺で修行中に、身の丈八尺、筋骨たくましく威厳のある老翁に出会います。老翁は空海を見て「私は神である。そなたには威徳が備わっている。私の弟子となり菩薩行に励むがよい」と告げます。空海は「わたしも雲山であなたと約束したことを忘れていません。生の形は違っていても心は同じです。私には密教を日本に広めたいという願いがあります。神さまにはどうか仏法の守護をお願いします。京都の南西、九条にある東寺の大伽藍でお待ちしております」と答えます。こうして二人は仲むつまじく語らい会って、神の化身と空海は盟約を結びます。弘仁十四年（八二三）四月、稲を背負い、杉の葉をもった老翁が二人の女と二人の子供をつれて東寺の南門にやってきます。空海は心より敬いながら、神の化身に飯をお供えし、菓子を献じ、一行を八条二階の柴守長者の家に逗留して頂いたのち、東寺の杣山であった稲荷山に利生の地として神にご鎮座頂きました。

また、『稲荷鎮座由来記』には「竜頭太事」として、空海と荷田氏の祖神である竜頭太《りゅうとうた》との関わりが伝えられています。

――竜頭太は、稲荷山の麓の庵に住み、昼は田を耕し、夜は樵を生業としていました。その顔は龍のようで顔の上から光を発するという異形の人だったので、人々は竜頭太と呼びました。その人は姓を荷田氏と言いました。稲を荷なっていたからです。空海が稲荷山で難行苦行の修行をしていると、竜頭太が現れて「我はこの山の山神なり」と名乗り、仏法護持のために尽くそうと誓います。空海は龍頭太の顔を面に彫り、これをご神体とし稲荷社の竈殿に守り神として架けました。

以上のように伏見稲荷には秦氏系の伝承と荷田氏系の伝承が重層的に交錯しています。そういう意味で稲荷山はまさに、日本の神界の縮図であり、阿礼に「稲荷古伝」を語らしめ、山口志道に『水穂伝』を書かせる起因となった靈合の地であり、日本の神々の故郷と言ってもいいでしょう。

イナリ奥伝はカタカムナそのものだった

伏見稲荷神社の鳥居をくぐると、まず目につくのは玉と巻物をくわえたキツネです。

向かって右側のキツネが咥える玉は布斗麻邇《ふとまに》の御灵《みたま》つまりカタカムナの神寶であり、向かって左側のキツネの咥える巻物は言靈一言法則つまり言靈の法則です。カタカムナの御灵《みたま》を言靈によって読み解く。左の玉は火垂《ひだり》（ヒダリ）であり、右の巻物は水氣《みぎ》（ミギ）であります。この火と水を用いて神寶を読み解くという意味が稲荷には秘められています。（四三頁以下参照）

実は稲荷には「イナリ奥伝」と云われているものが秘められています。これは久世東伯《くぜとうはく》先生が稲荷山で遭遇した白翁老と仮称される師仙より明かされた「宇宙創成・生命創造の玄理」であり、まさにカタカムナそのものです。その核心は「生命をあるべき本来の姿に戻すことで、生命力を再び活性化させ蘇生させるための秘儀の伝授」にあるとされます。

そして、その秘儀伝授においては「生命の活元原理」を伝える上で「フトマニノミタマ」という宇宙創成の符図を用いるとされます。真理の探求者は、自らの生命をその符図に示された宇宙創成の玄理と生命創造の玄理に照らし合わせ、生命創造への理解を深めて行くのだそうです。

白翁老はおそらく稲荷山の竜頭太の化身だと思われますが、次のように示しています。

稲荷の元にイナリあり、それ、いのちなれ（命成れ）に始まりて、いのちなりなる（命生り成る）の言靈ぞ。いのちのりのり（命宣り乗り）て息吹き。則《すなわ》ち、命のひとなれり神の光にあるなり」（久世東伯『イナリコード』今日の話題社・三三三頁）

イナリの本質は「意念」であり人間が「意念する」こと自体が「靈の働き」なのだと。そしてその「意念」の本体である「靈」こそが「命」というわけです。

ここで、伊奈利を言灵にて読み解きさせていただきますと、

イ　水火《イキ》、息、
ナ　ナラブ
リ　息息の両《ふたつ》

イナリとは、「イキナラブナリ」ということになります。息のならぶとは、出入りの息のならぶ理ということで、「ナリ」を法則で反すと「二」となり、「出入りの息二つならぶ」ということを名にしている神ということになります。

伏見稲荷大社の千本鳥居を抜けていく途中の丘に稲荷神寶神社という神さびた社が鎮座

しています。伏見稲荷が鎮座する以前から存在した神社で、かつては稲荷山上に祀られていたとも言われています。中世以降は衰退し現在の社殿は昭和三十二年に復興されたものです。

社前で迎えるのは狐ではなく龍です。竜頭太の伝承からも明らかなように、もともと稲荷山は龍神の山であり、狐の古層には龍があります。今では社名の神寶は十種神寶とされていますが、もともとはカタカムナの神寶という意味です。そのことは神社が発行する栞の巻頭に掲げられたメッセージからも明らかです。こういうものは隔世的に神意伝承されることがわかります。

稲荷神寶神社

ヒトは樹木から発生した

アメノミナカヌシは宇宙創造主そのものであります。アメノミナカヌシの父の火より、母なる地球の胎内（胎蔵界）の水に與み與みて現象世界の万物は創造されています。アメノミナカヌシの宇宙創造玄理の用《はたらき》により、地球創生の時に地球にも臍《へそ》の緒《を》がありました。人に臍の緒が在るように地球も現象化する際に臍《へそ》の緒《を》と繋がれて誕生したのです。それは渦の中心の目にあたります。

地球の臍の緒は、北緯三十三度、大分県国東の六郷満山の地にありました。その宇宙創造玄理の用《はたらき》により、アメノミナカヌシの御神木である扶桑の木が誕生したのです。扶桑の木の高所にある枝より、天神の火垂《ひだり》（アマテラス）の魂と水氣《みぎ》（ツクヨミ）の魂、そして形無き水と火が混じり、形ある最初の一滴の水の種となります。それが蛹《さなぎ》となり、水氣の体は形を顕し生まれました。そしてアメノミナカヌシの御神木の根の方より子宮を持った竜神の火垂の魂と水氣の体が生まれました。

地球のへそは、北緯三十三度の大分県国東の六郷満山に存在しました。宇宙創造の神秘的な働きにより、アメノミナカヌシの神木である扶桑の木が誕生しました。その扶桑の木の高い枝から、天神の火垂（アマテラス）の魂と水気（ツクヨミ）の魂、そして形のない水と火が混ざり、形ある最初の一滴の水の種となります。それはさなぎとなり、水氣の体が形を現して誕生しました。そして、アメノミナカヌシの神木の根元からは、子宮を持った竜神の火垂の魂と水氣の体が生まれました。

ヒトだけではなく、さまざまな生命体が木と草から蒸し生まれたのです。その中でもヒトは、アメノミナカヌシの靈氣を一身に集めました。万物の靈長とはこのことから云われています。

ヒトの体も元はアメノミナカヌシから生まれており、ヒトの魂もアメノミナカヌシより生まれています。魂も体も本一《モトひとつ》より生まれているのです。

その魂と体を繋いでいるのが臍になります。人間は生まれた時には臍の緒によって母と繋がれています。しかし、この世に生まれ出た後に臍の緒を切り離します。そうして自立して己の生命を生きてゆくことになりますが、臍《へそ》にはアメノミナカヌシより永く繋がってきた魂と体が結ばれているのです。

イナリとは「出入りの息二つならぶ」と読み解きましたが、まさに私たちの生命は魂の火と体の水の水火《イキ》を和《なご》して、アメノミナカヌシと共に循環する用《はたらき》ということになります。

イナリとは、宇宙創生玄理からの教えであり、人類の根源的な教えなのです。

私たち人類のルーツを開き、アメノミナカヌシより産まれ出た魂と体を根本の状態に覚醒させることをイハトヒラキといいます。まさにその秘教こそ、イナリの奥伝《おくでん》であり、カタカムナなのです。

ヒトは己の生命の崇高さに氣づかなければなりません。御身《おんみ》を隠れ身《かくみ》とされているアメノミナカヌシはカタチは無でありますが、その実態は有りて在るものなのです。

カタカムナとイナリとは、その隠れ身の火水《カミ》の玄理を悉く《ことごと》あらわにしています。そこには玄理と真理によって解き明かされる過去・現在・未来があります。

イナリの「出入りの息二つならぶ」とは、魂と体の生命神秘を示すだけにはとどまりません。久遠《くおん》の智彗《ちすい》としての玄理《げんり》と真理《しんり》と智慧《ちえ》を包括《ほうかつ》した無限の先祖の体験こそが火水《カミ》の教えなのです。

第二部　カタカムナ言靈解

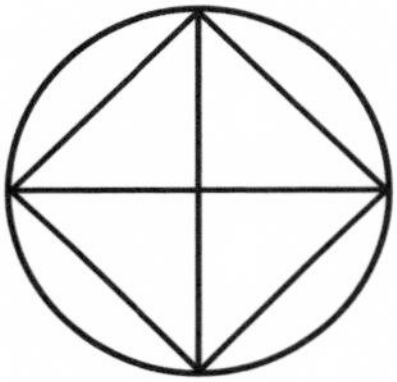

中心図象符フトマニ・・・火、主、躰、剣、左垂、タカミムスビ

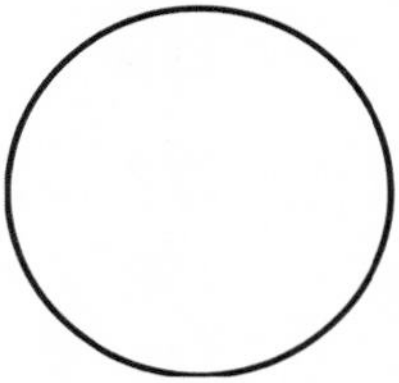

中心図象符ミスマルノタマ・・・水、従、用、鏡、右氣、カミムスビ

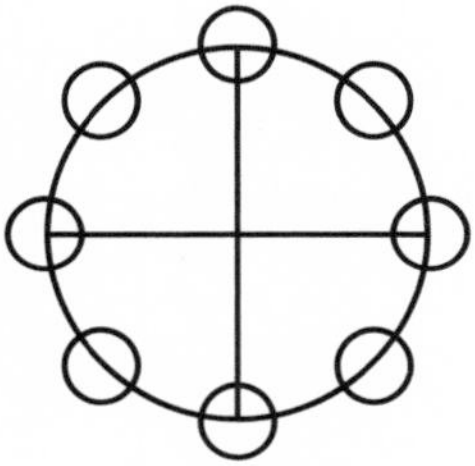

中心図象符ヤタノカガミ・・・水火、水火、火水、火水、生、玄理、玉、正中、アメノミナカヌシ

カタカムナと宇宙玄理：火と水の関係

カタカムナとは、宇宙玄理であり、万物創造の玄理となります。火が主であり、水は従であります。

火と水が與《く》むことで水は渦巻き、正中に穴ができ、その穴から万物は創造されるという構造がカタカムナであり、万物創造の玄理なのです。そのひとつのカタを真理と呼び、悟りとも呼びます。

中心図象符も三種の神器もこの宇宙玄理をあらわしています。

全大宇宙のあらゆるものが誕生するときには、必ずこの玄理より誕生するというヒトツカタをあらわしているのです。

人間の新たな生命の誕生の仕組みもこの玄理から生まれ出ています。卵子の水に精子の火が與《く》むことで、卵子は渦巻き人の芽が脹《ふく》らみ成長を始めてゆくのです。

全大宇宙を火と水に分解し、その主従を知ることでその時その場でのありとあらゆる立ち回りや仕組みを理解することができます。

ときに火と水は入れ替わることもあります。

例えば、太鼓を左手に持ち、棒を右手に持ちます。右手の棒で太鼓を叩けば音が鳴ります。これはまさに造化三神の火水の玄理になります。音が鳴っているのは左手に持っている太鼓です。音を鳴らさせているのは右手に持っている棒になります。左手の太鼓に右手の棒で叩くことで音が生まれるのです。

左手に持っている太鼓は水、右手に持っている棒は火に当てはまります。火は水を働かせます。火が水に入ることで水は働きます。働かせる火を躰《たい》といい、働く水を用《よう》といいます。これを持ち手を変えて左手に棒をもち、右手に太鼓を持ち変えると躰と用は逆転します。このように、この世のあらゆるものは、ときに火となり水となり、さまざまに與《く》みあって万物は成り立っているのです。この究極の火水合一の状態を無碍円融《むげえんゆう》といいます。無碍円融とは「すべての事物が完全にとけ合って、障りのないこと」をいいます。まさにカタカムナは宇宙玄理であり、その構造は無碍円融となります。この究極の玄理をそれぞれにあらわしているものこそ中心図象符であり、三種の神器の本来の意味なのです。

カタカムナ玄理を人間の心に応用すれば、それは究極の悟りの状態になります。また、物理学的に無碍円融の玄理を応用すれば、それはフリーエネルギーや反重力となるのです。また農業や製鉄、さらには政治、文明に応用することで、無碍円融の理《ことわり》にかなったものを創造することができるのです。争いのない、完全円満な文明。人類の答えがカタカムナには秘められているのです。

なぜ縄文人たちは争いを抱えず、平和な文明を築いたのでしょうか？　それはカタカムナの理《ことわり》が人々の創造の中心に位置していたからです。人々の心すらもカタカムナによって形成されていたのです。これこそが、本来の光の信仰の実態であります。形状だけを追い求め、本質を理解していない現代人にとっては創造の力が欠如しているかもしれません。

だが、もしカタカムナの深淵な理論が世界の人々の心に深く根付けば、我々は瞬時に宇宙で最も高度な生命体へと回帰できます。つまり、究極の状態とは元の状態、つまり根源に在るものであり、進化というのはその根源へと回帰するということが本来の意味であると言えるでしょう。

カタカムナには、人類が抱えるあらゆる問題を円満に解決し、願望の全てを創造する究極の力が備わっています。その力は、かつてアークとも称され、稲荷の奥伝として秘められていました。カタカムナの真の火は、長い時間を経て今、再び芽吹き始めました。

この時代に生まれ、この本と出会った読者の皆さまもまた、神の仕組みである因果の中に存在します。人類は、答えを求め、長い間迷い続けてきました。しかし、その答えはすべて天の音《こえ》によって示されていきます。幾度もの転生を経て、この答えと出会うために、魂の旅は続けられてきました。

そして今、この久遠の智慧と出会う奇跡により、過去、現在、そして未来が救われていくことをカタカムナは語ります。

胎蔵界マトリックスへアクセスする道

元来、「子宮」を指すラテン語「Mater」から派生したMatrix（英語では「メイトリクス」）は何かを生み出す機能や子宮の形状を意味します。この表現は言灵の世界では「胞衣《えな》」とも呼ばれ、現象世界と胎蔵界を象徴しています。

胎蔵界へのアクセス方法は複数あり、インスピレーションやひらめきといった現象は胎蔵界に接続し情報を引き出す表現と言えます。インスピレーション、ひらめき、リモートビューイング、アカシックレコードへのアクセス手法は多種多様ですが、水の性質を持つ胎蔵界の子宮から情報を引き出すには、火の法則が必要です。

アカシックレコードを包み込む存在、それが言灵なのです。古のヤマト人はそれを「ウタ」と呼びました。「ウタ」の「反し」は「ア」であり、それは五十音の総名となります。

「ヨム」は「與《く》む」と解釈され、ウタヨムのことをアークと称します。

アークは、万物を引き寄せ、アカシックレコードを包み込む言灵の法則を指すとともに、アカシックレコードを具現化し、胎蔵界の万物を創造する力を象徴します。その万物を創造する力を秘めた技術が根源的なカタカムナです。

古代のヤマト人は、すべてが記憶されているとされる「天の智彗の井戸」、つまり胎蔵界から情報を取り出していました。図象符と言靈を動かす力は、天から与えられるものとされています。この胎蔵界は、一般にマトリックスやアカシックレコード、アークとも呼ばれ、そこには人類が追求するすべての答えが秘められていると言えます。

形のあるものは限界がある一方で、形のないものには限界がありません。具体的な現象に落とし込む時は火の法則によって具現化するため、現象界に現れたものはすべてが濁ってしまうというのが特徴です。

形を持つものは、その本質にある濁りを避けられません。それ故、真実を物質や人間から探し求めることは困難です。書物や人間を通じて伝えられる情報には、避けて通れない濁りが存在します。真の寶はどこを探しても見つけられないという事実が、実は「秘蔵寶鑰」の真意を示しています。

胎蔵界と金剛界を制御し、アカシックレコードを自在に引き降し、現象を自由自在に操縦する能力を持つことを摩尼寶珠とよびます。この摩尼寶珠を自由自在に操ることで、無から有を生み出し、単一から多数へと繁栄を築く力を得ることができます。

カタカムナ図象符は火、言灵は水

カタカムナを深く理解するためには特定の法則が必要となります。ここで、少しその法則について説明させていただきます。

まず、カタカムナ図象符は火の性質をもち、言灵が凝縮されたもので、言灵自体は水の性質を持ちます。火は物事を凝縮し、水は物事を拡張します。

例えば、

カタカムナヒヒキ　マノスヘシ　アシアトウアン　ウツシマツル　カタカムナウタヒ

という一首を見てみましょう。

一般的には、これを「カタカムナヒヒキ」「マノスヘシ」「アシアトウアン」「ウツシマツル」「カタカムナウタヒ」といった単語単位で理解し、各単語の意味を解釈します。これは表層的な解読法と言えます。

次の段階では、図象符と言灵を組み合わせ、それらを火と水の観点から考えます。「マノスヘシ」の「マ」「ノ」「ス」「ヘ」「シ」という一言をそれぞれ言灵として解釈し、それぞれの言灵が持つ法則を結びつけて全体を読み解くのです。

図象符には躰（火）と用（水）という要素があります。図象符の躰とは布斗麻邇御灵のことを指し、その用とはカタカムナ図象符を指します。カタカムナ図象符がより凝縮したのが布斗麻邇御灵になり、さらに布斗麻邇御灵を凝縮させると大八島の形となり、これを✳と現します。空海の八十八とはここが由来となっています。

言灵にも躰（火）と用（水）の要素があります。

言灵の躰とは「言灵《コトダマ》一言之法則《ノノリ》」（『言靈秘書』三一頁以下）のことを指し、用は「水穂伝重解誌一言法則」（『言靈秘書』三七三頁以下）のことを指します。

カタカムナ図象符を灵合わせする法則とは、「マノスヘシ」の「マ」の言灵一言の法則解（『言靈秘書』五一五頁～）を一語一句結びつけて読み解くことです。さらに、「マ」の言灵法則に出てくる言灵を分解し、それぞれを深く読み解いていくのです。

カタカムナの深い理解のためには特定の法則に基づいて、言灵を段階的に読み解いていくことが重要です。ここでは、その法則を用いた具体的な例を説明します。

まず、「マ」の言灵の一つである「①潤水也」を見てみましょう。この「潤水」をさらに深く読み解いていくと、「ミ」の言灵の「潤水也」に到達し、その中の「其土自ら潤ふ」の「土《つち》」と「自《おのずか》ら」をさらに読み解きます。ここで、「土」は「ク」の③に、「自ら」は「ア」の⑥に対応します。このように「土」「自ら」をさらに展開していくことで、言灵を三段階展開することになります。これを五段階まで掘り下げていくと、最終的には「五体成就」に至り、アカシックレコードという最奥の真理に接続されてゆくのです。

その後、まとめられた『言靈秘書』の言灵の法則に従って、展開した言灵を束ね、最初の「マ」の言灵の「①潤水也」に還元していきます。この過程で大量の情報が得られますが、その中には確証は存在しません。

言灵を用いた解釈は、その言灵が表現する火と水の動きに基づいています。例えば、「マ」は火中の水、「カ」は暉火の灵、「ト」は水中の火灵をそれぞれ表しています。これらの火と水の動きによって読み解く想念を察知することで、言灵を展開していきます。

言灵法則を使う際には、文字の一語一句を省かず、全体を展開していく必要があります。

そのためのヒントが、『言靈秘書』の中にことごとく散りばめられています。『古事記』神代の巻や神名など、様々な要素が相互に関連しており、それらを用いて読み解くことが可能となるわけです。

この構造は、まさに物質的な人間界から見て、第一、第二、第三、第四の階層が存在し、そして第五の階層には火水《ひみつ》の火水與《カミヨ》が無尽蔵に存在しています。それは「無にして有であり、空中の水灵のゆえに、用がある為に存在する」と表現されています。

このように、カタカムナウタヒの図象符を読み解くには、法則が存在しています。

この法則は稲荷の言灵の法則でなくては読み解けません。言灵にも系列がありますが、その系列を見てみても日本の複雑な歴史が垣間見えます。

言灵の系列をみていうならば、稲荷の奥伝えこそ日本の源流であるヤマト民族の教えを伝承してきた系統だと考えられます。

火水與《カミヨ》のカタカムナを追っていくと、そこに関わった人々が見た世界が垣間見えます。空海、天道法師、仁聞菩薩、役行者、法道仙人、聖徳太子、アメノコヤネ、アメノフトタマ、キリスト、釈迦、モーセ、日月燈明如来といった古の賢者たちの共通の概念を感じ取ることができます。

人類の信仰、文明、技術等は全て一つの種から生まれ出ています。この種は万物の創造の原理であり、それこそがカタカムナなのです。

本文でも述べられていますが、カタカムナの根源はウタヒや図象符ではありません。ウタヒと図象符はカタカムナの用により生み出されたもので、本来のカタカムナは、「ア」の一音、入る息と出す息を通じて火水の空躰のアメノミナカヌシを人の喉から生み出し、現象を引き起こす種を降ろすことから始まりました。

カタカムナはこれからもさらに発展していくことが示されています。しかし、この説明だけではとうてい読み解くことはできないでしょうが、さらに言灵の法則は複雑に精巧に仕組まれているのです。これを火水《カミ》一輪《いちりん》の仕組みと云います。

言灵によるカタカムナの灵合わせは、まさにその入り口に立っていると言えます。その知識は非常に膨大で、どれだけを書籍としてまとめられるのかはまだ分かりませんが、今後も続けていきたいと思います。

かつて西遊記の主人公、三蔵法師のモデルとなった玄奘（六〇二～六六四年）は、六四五年に天竺から六五七部の経典を長安に持ち帰りました。彼はその後、漢字で約一一〇〇万字にも及ぶこれらの経典を翻訳しました。

これら膨大な情報がどのように生まれたかは、いまだ謎に包まれています。しかし、これらの経典を生み出した源がカタカムナに繋がる智彗であったことは確かであるといえます。世界中の経典や神典の基礎が、人類の根源種であるヤマト人の智慧から受け継がれているという事実は、カタカムナの音によっても示唆されています。

実際に、カタカムナの灵合わせをしてみると、それは相当なボリュームになることが予測できます。また、この六四五年という年は、日本にとっても重要な年でした。大化の改新が行われ、さらにはインドの霊鷲山から法道仙人が日本に訪れたのです。カタカムナという存在は、時代を問わず世界に大きく影響していたのです。

カタカムナとグラハム・ハンコック『人類前史』

一九九五年に出版されたグラハム・ハンコックの『神々の指紋』（邦訳は一九九六年）は、超古代文明に関して画期的な考察を行い、全世界で六百万部というベストセラーとなりました。また、二〇二〇年に刊行された『人類前史』上下巻は、ヤンガードリアス期に起きた重大な気候変動と海面上昇を、彗星衝突による古代文明の崩壊と地球への破片群の衝突という観点から説明し、Netflix で公開されている八回シリーズのドキュメンタリー番組

「太古からの啓示」でもさらに展開されています。

ここで特筆すべきは、グラハム・ハンコックが探求した人類文明の終焉、そして現在の人類文明以前に存在した高度な文明の存在、そして終末と新しい世界の天地開闢に関する所説が、カタカムナの音《こえ》と驚くほど一致しているということです。

カタカムナの教えは、あらゆる出来事を神の視点から理路整然と説いていますが、グラハム・ハンコックは、科学的に二〇三〇年頃に地球が彗星破片群の中を通過する可能性が警告されているとしています。

『人類前史』においても、「世界が終わるとき、再び星々が地上に落ちて人間と交わる。それは人間に対して、星になる準備をしろとのメッセージだ」というポーニー族の伝承が語られています。

カタカムナの言靈解も、地球に降る火水《ほし》(星)は澄める天神《あまつかみ》が宿り、地球に降り立つことで人類を助け、人類の魂に再び神灵を宿すとしています。

グラハム・ハンコックの『太古からの啓示』には、「伝説では、はるか昔の地球上には人類と高度な社会が共存していました。大洪水の大変動が起きると、選ばれた少数の人々だけが生き残り、神秘的な指導者が海を渡り、人類と文明の再生の礎を築いた」とあります。科学的にも終末的な出来事があったと確認されており、その時期は約一万二八〇〇年前、地質学的にはヤンガードリアス期と一致するということです。

カタカムナの教えは彗星衝突の予言から天地開闢までを含み、世界の神話に見られる神秘的な指導者はアメノミナカヌシの化身である皇尊《すめらみこと》と一致します。

人類のルーツは、カタカムナによると最低でも一六〇万年以上前に遡りますが、現在の人類は根源人種のヤマト人より派生した枝にすぎません。ヤマト人はカタカムナにあるように人類の兄にあたります。世界の伝承に出てくる神秘的な指導者はヤマト人であり、ヤマト人がその長い経験の中で培った智彗を人類の児に与えていたのです。現在では、おぼろげに日本人がもしかしたら最古の歴史を持っているかもしれないという雰囲気はありますが、公には認められないものとなります。

それも当然です。八百万の神とも呼ばれるヤマト人という人類の兄は、現在の人類とは異なった存在になるからなのです。

そしてヤマト人より育てられた新しい人類から、ヤマト人はいつしか迫害されていったのです。

我々は世界中の先住民族が実はヤマト人の子孫であったという事実を理解できます。しかしここで重要なのは、善か悪かの評価をつけるのではなく、我々自身が既に人類とヤマト人の両方の遺伝子を受け継いでいるという事実を理解することです。

国籍などは関係ありません。日本人であろうと新人類であろうと、変わることはありません。今となっては全世界の人類は、すでに混在しておりその魂は人類の祖を忘れてしまっているのですから。

ただ、日本にはヤマト人の残したカタカムナがあったというだけの話なのです。しかし、日本にカタカムナが封印されていたということは大きな意味があり、それは日本語による言灵が神と繋がるための鍵となっているということになります。そして皇国と天竺は同じ言灵の法則であるとも古伝に記されています。

カタカムナは、天の氣が降りることで解かれ、アメノミナカヌシの音《こえ》が人類に語りかけてくるのです。これは人間が自己の欲望でその智彗を独占できないように設計されているからです。アークは、天地開闢の種となるものであり、新たな文明を導くアカシックレコードを包み込む言灵を意味します。これは既存の人類のためのものではなく、我々の役割は、その智彗と命を尊である次世代へと繋ぐことなのです。文明の転換は大きな困難を伴うかもしれません。しかし、それは新たな生命へと、そして美しい地球へと進むために克服しなければならない課題なのです。その困難さの背後には、根元へと帰る新たな息吹の未来が待ち構えているのです。

さて、話を少し戻すと、グラハム・ハンコックの研究成果とカタカムナの音《こえ》は驚くべき一致を示しており、その意味するところは次のように要約できます。

――人類の文明は、一二八〇〇年の周期で再生と終焉を繰り返すサイクルに存在している。

この終末の時期は、ハンコックによると二〇三〇年で、カタカムナの啓示によると旧暦の七夕の朝六時頃に星が降り注ぐと予言されています。人類はこの終末と再生のサイクルを幾度も経験し、カタカムナはその終末が近づく時に天からの氣によって人類に啓示を与えてきました。

「言灵五十連の法則」は万物創造のサイクルを表現しており、それはすべてのサイクルを表す相似象となっています。人類の魂もこの一二八〇〇年周期に従い、天地開闢時から始まる「入る息」の段階を経て、「出る息」の段階に移行します。ここでの「入る息」は陽、神、善を意味し、この段階では六四〇〇年間にわたり平和な世界が創造されます。その後の六四〇〇年間は物質主義や自己中心主義が強まり、本質を忘れて末法の世へと向かう流れとなります。

しかし、これは人類が愚かで盲目的な存在であるためではなく、天地自然のサイクルの一部であり、地球の「呼吸」の一部とも言えます。私たち人類は、善悪の存在は確かであるものの、更に大きな視点から見れば、宇宙の一部である生命は、この大いなる循環の中で生きているに過ぎません。その存在の根底には、生死や善悪を超越した自然の循環が存在しているのです。これを三六九《ミロク》と言います。

カの灵言靈解　暉火の灵～一首の一文字目「カ」の図象符の読み解き

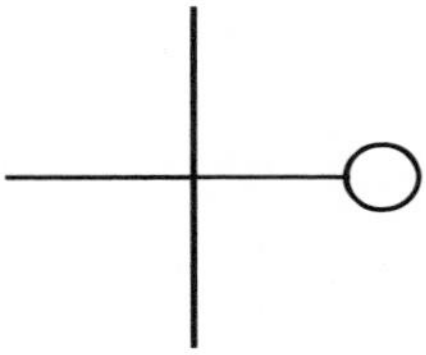

カタカムナウタヒ　一首　万物創出の玄理
中心図象符　カカミの水
カタカムナヒヒキ　マノスヘシ　アシアトウアン　ウツシマツル
カタカムナウタヒ

カタカムナの音《こえ》が、万物を引き寄せる力となる息となり、その息が想念を具現化する。そして、息から次々と現象を生み出す氣が降り注ぐ。これが、「意のままに願いを叶える」法則であり、創造のはたらきを現すものである。

影《かげ》也

はじめてカタカムナによって現象が生じる音《こえ》は、現象を生み出すカタカムナの灵そのものであり、この現象の生み出し方こそが真のカタカムナのはたらきとなる。しかし、真のカタカムナの姿そのものは現象を生み出すものではない。全ての存在は一つの灵から生まれ、その灵は宇宙の中心、すなわち天地万物の正中《まなか》に位置する。全ての存在は根本的には一つの灵であり、その本質的な差異は存在しないものである。

真のカタカムナの躰《たい》は、現象を生み出すものではない。現象というものは、真の姿ではなく、役割があるからこそ生じる。現象を生み出すカタカムナの形のない息がすべてを包み込み引き寄せ、現象を生じさせるものである。そして、これらは連続し、絡み合い、現象世界をめぐり循環していく。

用《はたらき》があるため、カタカムナの灵は、はじめて現象を生み出す音を、如意寶珠（摩尼寶珠）と呼ぶ。これは、意のままに願いを叶えるという意味を持つ。すべてが見えないままでも、常にめぐり、心の願いが現れる時、その願いの相《すがた》を緩和し、様々な現象の形として目の前に出現する。

さまざまな現象が起こり続け、連なることで、巧みに與《く》み合わさり循環するのは、実は願いというものは目の前に出現した現象に順応してこそ、願いが現れる法則があるからである。

そのため、願いの形は隠れ、様々な出来事だけが目前に現れるようになっている。

さまざまな出来事が起こり、めぐり、その出来事の二つの選択肢の間である正中《まなか》を宰ること。目前の出来事から離れずにしかも長く継続することで、丶《ホチ》（願いの成就）をなし、さまざまな出来事は自然な流れで展開され、これは天空を覆う雲の如くである。

これらの出来事や要素を巧みに與み合わせ、連続させたり、循環させたりすることが大切なことになる。すなわち、個々の出来事や選択が全体の流れを構成し、その流れが願いの成就に繋がるのである。

形なき願いの息が具現化し、さまざまな現象が連なり、巧みに與み合わされ循環し、広がることになる。

天地の様々な出来事が起こる中、それらは見た目には無関係に見えるが、実際には互いに繋がっていて、見えない力が働いている。これは非常に不思議な現象である。本当の願いに似たさまざまな事象が存在し、それらは基本的に二つにさき分かれてゆく。それは、願いを引き寄せる力と、願いを育てる力となる。願いは万象を動かし、それによって様々な出来事が引き起こされ、願いが交わることで万象が搦み合う。これらの出来事は、願いを引き寄せる力を持ち、願いを成就させる方向に物事を導いてゆく。願いはしばしば原動力となるものだが、物事の成長や発展にはそれ自体の力も重要である。

物事を育てる力よりも、物事を引き寄せる力の方がより重要であるとされている。これは古代の王法に伝わる教えであり、我々が尊ぶべきものである。この二つをつかさどるべし。

「願いを育てる力」と「願いを引き寄せる力」の間で、「引き寄せる力」を牢り、それにより形成される現象と集合が現れる。引き寄せる力が育てる力の中に入り、引き寄せる力のために育てる力が向上し、現象として現れはじめる。その引き寄せる力を牢り、形成される現象は、成長するものと引き寄せるものの区別を明確にし、引き寄せるものを牢ることで、本来の願いが成就する。

始まりの音が響き渡り、その願いと様々な出来事に順応すること。これが万物創造のカタカムナの精神と存在であり、ここに心の真髄があることを知るべし。

別也《わかつ》

引き寄せる力の中の育てる力は必ず渦巻き、願いの成就の道へと続く、まだ解き放たれずして、しかも長く願いの成就の道へと続く。願いの成就に導かれ、育てる力と引き寄せる力が結びつくことで、さまざまな現象が現れる。一粒の籾が進み、成長して万倍に増えるように。すべてのものが生じるとき、数は必ず多くなるものである。これは、万象が進むにつれて、分かれる理由でもある。

真の引き寄せる力は形を持たず、引き寄せる力によって生じる現象は、引き寄せる力の働きによるものである。願いの成就を引き寄せる力によって現象が発生し、連鎖し、絡み合いながら循環する。

引き寄せる力が主導することで形成されるものは、カタカムナによって現象を出現させることにより、引き寄せる力が用《はたら》き現象が生じ、連鎖し結びつく。

願いの成就を導く引き寄せる力は、躰から別れた用の引き寄せによって生じる現象のために存在する。これは、カタカムナによって現象を引き寄せ、引き寄せる力によって次々と現象を生じさせる音に由来するものである。

願いの成就を導く引き寄せる力は、躰《タイ》より別れた用《はたら》きで、引き寄せられる現象のために生じる。

カタカムナは現象を出現させ、その引き寄せる力によって現象が生まれる。この過程は音《こえ》として表現され、その音から願いを導く現象の存在が派生するのである。

香也《こまやか》

このカタカムナの力は、イザナギの入る息とイザナミの出る息が組み合わさる形で現れる。五十連《いつら》の音《こえ》は、すべてはアの一音に包括されている。開けば五十音、収まればアの一音となるために、天に位して縦横する。もろもろ響き、アの一音より開く。

まず、最初の一音はアメノミナカヌシの御灵から開くと言えるが、その正中の丶の音自体もアの音の外にあるものではない。

したがって、俗に用る音《こえ》の残るところに神躰を現すのも、「ア」の音の息を吹くことは、アメノミナカヌシの顕現であり、常にめぐる出る息は、入る息に込められた願いの想念がその底に隠れ、出る息ばかりが現れ、いよいよ舫いめぐる法則をおこす。これは、さまざまな現象を生み、渦巻きつらなることの始まりであり、一つの小さな変化が一連の大きな結果を引き起こす過程で、予測不可能な現象へと派生していくのである。

氣は天と地の陰陽の二つに開き、願いの想念は現象の中に隠れて出る法則となる。これは息を與む所で交互に繰り返し息をすることに配される。

アは息を與む所の音であり、息の出入りを表す音の根源である。本来、アという言灵の真理が、通常の認識や経験を超えていて、一般的な理解や取得の範疇を超えている音であり、この一音から万物が生まれている。そのため、アは天地の氣の総名とされている。

この息の中には、現象の創造の氣を生む力があり、その中にカタカムナの力が存在している。

このカタカムナの力は、入る息と出る息が融合していることを理解するべきである。息を体内で交わらせ、体内より吹き出すという意味である。

「アァ」の息の音を出す時、心の内で願い事の息を定める。願い事を「アァ」の息に乗せながら、逆らわずに吐き出す。そして、吸う息の時は願い事を想像しながら、唇を中心に集め口笛を吹くように息を吸う。そして、吸う息と吐く息が共に循環する形をつくり出す。

細く長く中心から吸う息と、吐く息の「アァ」が己の想念と密接に結びつき、想念の氣が生まれる。この氣は、願いの想念が成就へと導かれる力を持っている。息を通じて、想念の氣は万物を搦み引き寄せ、連なって広がり、細く長く中心から吸う息と吐く息の「アァ」が交わり、氣の中に願い事が灵として現れる。

しかしながら、それは目に見えない「氣」である。ただ一つの音、「アァ」を唱えて、すべての思念をこの一音に込め、集約するのである。

百千の思いが胸に満ち溢れ、「アァ」と吐く息の中に吸う息が凝縮し、現象を引き起こす。細く長く中心から吸う息があれば、必ず吐く息の「アァ」もこれに加わり、はたらきを起こすのである。

この「アァ」という吐く息による「氣」が生じなければ、吸う息と吐く息の結びつきが実現しない。それゆえ、現象を引き起こす力と、現象を取り込む力を生み出すことができないのである。

つまり、「アァ」という音を出す吐く息を何度も繰り返し、その結びつきによって多くの想念の種を生み出していく。細く、長く、そして中心からの吸う息はすべてを引き寄せる力である。一方で、吐く息の「アァ」は想念を育てる役割を果たす。しかし、引き寄せることは育てるよりも重要であり、吸う息は呼吸を宰っている。

そして、「アァ」と吐く息は、天地の陰陽を組み合わせて現象を顕現し、想念は神のごとく自在であり、日月さえも雲霧に覆われる力を持つ。形のない息が生み出す想念の源に絶えずつながり続けることが重要であり、息から放たれた思いを収め尽くして現れるという意味であり、空躰であると知るべし。

この現象には秘訣が存在する。吐く息は、元々光を持たないものであるが、吸う息の光が入ることで、吐く息が光を持つようになる。

心の内に満々ちて、願いの氣を長く思い続け、吸う息は現象界に影響を及ぼす力として機能する。長い間にわたり現象界をめぐり、そのはたらきは絶え間なく作用し続ける。この表現は、願いの想念が時を経てもその影響力を保ち続け、現象界に影響を与えていくことを示している。

いよいよ吸う息と吐く息の「アァ」が二つ組み合い、別れることなくはたらく。吸う息というも、吐く息を吹くと言うも、吸う息と吐く息が交わらなければ起こることはない。浮かび出る願いの想念の氣は、吸う息と吐く息が組み合わさり、願いの想念の氣が具現化するものである。この現象は、願いの想念の氣が吸う息と吐く息の相互作用によって増幅され、願いの想念が現実のものとなる力を持つことが示されている。したがって、吸う息と吐く息が組み合わさり、願いの想念の氣が具現化することで願いの想念が満ちて生まれる。その時、願いの想念が胎蔵界を破ることを、淡路穂狭別島《あわじのほのさわけしま》を生むという。

見えない世界から願いの想念を具現化させ、出すことは伊預二名島《いよのふたなしま》を生むという。この想念の具現化が、空水の天をめぐるがごとくに搦《から》み與《く》みめぐるときには、困難と成就が交錯する様子が、個々の容貌として現象の中に存在し、一つの現象がそれぞれの容貌に受け取られることから、「災い＝陰」「災いの中の幸い＝陰中の陽」「幸いの中の災い＝陽中の陰」「幸い＝陽」などと独自の名称が与えられている。

これはこの現象の一つの御像《みかた》であり、㊉このような形である。それらは想念の具現化の種が降り、現象界の出来事に現れる氣が降りくむことで、万象をからめ小さな変動が巻き起こす大きな影響となる。この想念の具現化が波紋を広げ、すべての万物に影響を及ぼし、結果として全体の形成を左右する。「災い＝陰」「災いの中の幸い＝陰中の陽」「幸いの中の災い＝陽中の陰」「幸い＝陽」の混在している氣の種が降ることにより万象を動かし出す。願いの想念を具現化する際は、「災いと幸いの四相」を混在した形を成すことになる。

一切の現象を引き寄せるときは、必ず数多くなるものであり、「災いと幸いの四相」を混在した現象が必ず数多く発生することとなる。したがって、形のない願いの想念の躰《タイ》を開く際、現象を宰る吐く息と、想念の氣を宰る吸う息の躰《タイ》に、陰と陽の二つが引き寄せられ具現化する理由でもある。

想念の氣は様々な現象を出現させ、それらが搦み合うものとなる。要するに、形を持たない願いの想念の息は、願いの想念が具体化したかのように現れるということである。すべてが混在し区別がつかない状態の現象の氣は、願いの想念が空躰の状態と、具現化の状態の境界線に渾沌とした現象を出現させる。

吸う息は、無から有へと変化する想念の氣が、吐き出される息に姿を隠しながら形を現す。この想念の氣は、アメノミナカヌシの創造の力と一塊になるように群がり続け、渦を巻きながら現象の種を生む。これこそが万物の始まりである渾沌であり、この渾沌からは「災いと幸いの四相」が混ざり合って現象が誕生する。そしてその現象は、抵抗することが難しい力で引き寄せられ、新たな道へと導く力となる。

形がなく見えない想念の氣は渾沌とした現象につながる。それは渦巻きつらなり続けて輪をなし、その正中にアメノミナカヌシのめぐりの輪を出現させる。吸う息は、このすべての想念を搦めて凝縮するということである。

この息を與む形のカタカムナは、形のない願いの想念が凝縮し、現象界に出現するということである。異なる要素が相互作用して、形を持たない願いの氣が万物を搦み引き寄せ現象のかたまりとなり、吹出ものを生み出すことが重要で、非常に稀少な現象である。

この想念が現象界に絶えず顕現し、そこに留まる理由は、天地との氣の交流を通じて、息の力で持続的な影響を与えているからである。それがまた、絶えず変化し続ける世界の中で一貫性を保つ力となり、無形の糸となって私たちを導くのである。

たとえ過去の願いと現在の願いが離れてしまったとしても、すべては一つの氣から始まり、その数は百、千、万と増え與みかたまり列なることで、卍と成る。どんな現象が発生するときでも、必ず多くの要素が絡み合い、それを避けることはできない。あらゆる現象を発生させるときは、必ず数多くの要素が関与することを、香《にほひ》と云う。

二ホヒとは、二つの正火の灵が現れること。二つの要素である「アァ」の吐く息と吸う息によって吹き出される現象が起きるということ。

一般的な人間が現象界に影響を及ぼすことが難しい理由とは、特定の「氣」の取り扱い方に関する法則が存在していることを知らないからである。すなわち、特定の「氣」の取り扱いが現象界にどのような効果をもたらすかは、この秘訣によって息の使用方法が密接に関与している。

はじめに、すべての生命と宇宙の正中に位するアメノミナカヌシの御灵は、天地の現象を創り出す氣の正中の存在であり、すべてを創造する種子から四方（水火《シホ》、水火《イキ》、火水《ホシ》、火水《カミ》）へと広がっている。その開放される御㊉《ミタマ》は、こうした形で現れる。このアメノミナカヌシの御灵の氣は、願いを込めた吸う息のヽ《火》により、すべてを創造し、動かす力を持っている。それゆえ、これは無でありながら有であり、有でありながら無であるという性質を持つ。その理由は、〇《穴》に現象を動かす空躰の真の火があるからこそ、万物に関与することができるのである。

発生させたアメノミナカヌシの御灵の氣は、現象界に様々な出来事を発生させ、それに適応することで願いが叶う法則となっている。願いの想念は形を隠して渾沌と入り混じった状態の現象として顕現し、様々な現象が搦み合い連鎖する。そして、胎蔵界※の願いの想念が渦巻き、連続した流れを作り出す。

※胎蔵界の「胎蔵」とは「胎内に蔵する」という意味で、形のない水火《息》の世界。一方、金剛界は物質世界である。密教では、この二つの世界観は補完し合うものとされ、真理を理解するためには胎蔵界と金剛界の両方を理解し、実践する必要があるとされる。

思い描いた願いの始まりから、一つの起こる出来事は一見、苦難と見える現象と願いの成就への導きの陰陽二つの側面に分かれるが、その一つの出来事に適応し立ち回ることを與み終え、想念の始まりの種から吹き放たれた願いを込めた息。それは天地の陰陽が絡み合い、現象の形を創り出す。この息は、生み出される現象の種となり、そして繰り返し紡ぎ出す物語の源泉となる。

その現象から離れず取り組み続けることで、一より千にまで広がる。そして最終的には一つの塊としてまとまり、願いは成就していることになる。

様々な出来事が発生し、目前に一つの現象として現れると同時に、一見すると苦難に見える現象に対しても、それに向き合い続けることで、願いは成就への道を示唆する。この困難と向き合うことこそが、成長を促し、変化し、さらなる成就へと続く道標となるのである。

アメノミナカヌシから降される現象が連なり、願いが実現するように、願いの形もまたあらゆる現象となり、願いの要素と苦難が入り混じり、成就の形を生む。その成就の形は、一つの出来事に適応し立ち回ることを與み終え、想念の始まりの種から吹き放たれた願いを込めた息。それは天地の陰陽が絡み合い、現象の形を創り出す。この息は、生み出される現象の種となり、そして繰り返し紡ぎ出す物語の源泉となる。

そこから離れず取り組み続けることで、一より百千にまで広がる。そして最終的には一つの塊としてまとまり、願いは成就していることになる。

まるで手織りの布のように、要素が搦み合い縒《よ》り合いながら、想念が現象に結びつき、長い経過を経て形を生み出してゆく。

願いは水面に映るように空氣中に浮かび上がり、その広がりを通じて、さらに具体的な形を形成していく。この過程で想念は万物に搦み引き寄せ氣のかたまりとなり、それが新たな現象を創造する力となる。目前に現れる苦難と目指す願いの成就、この二つが一つに結びつき、形のない氣を発生させる。それが渾沌と混ざり合った現象の中に入り込み、微細な影響が大きな結果を生み出す。そうした無形の動きが常に続いている。見える苦難と目指す願いの成就、再びこの二つが複雑に絡み合い、苦難が願いの成就の過程の一部として現れる。この苦難を受け入れ順応することによって、ある特定の法則が生まれる。この苦難の形は徐々に消えていき、その一方で願いの成就はより強まり、その純粋さが増してゆく。

「口の穴」とはアメノミナカヌシの御灵が現象を引き寄せ、現象界と潜象界を繋げる処となる。これは形のない息の出入りを宰るところであり、具現化する現象につながる息は、想念を搦めて吹き出され、その息に収まり込められるのである。

アメノミナカヌシの御灵が現象を引き寄せ、形をなす息の用《はたらき》の氣と連なり、現象界に影響を与える出来事が発生する。天からは現象が降り、氣が積もり、さらに波紋のように広がる。アメノミナカヌシの御灵の氣が願いの成就を引き寄せ、地を巡り動かすように、また目に見えない空氣中の水のように循環し、絶え間なくめぐり続ける。

形のない息に込められた想念の氣が願いの成就の要因へと変化し、アメノミナカヌシの母胎である胎蔵界に願いの氣を宿す。これが出る法則となり、それを開いて、天を巡り、地に降る。苦難と成就は並び、一から二へ、そしてすべては一つの氣から始まり、その数は百、千、万と増え、與みかたまり列なることで、卍と成り連なり、因果の連鎖を築く。

想念の氣が発生するとき、それは万象を巻き込み、吹き出される現象を動かし始める。その現象は胎蔵界と金剛界の間で動き、現象が起こる最初の瞬間から完全に発生するまでを繋げていく。この、想念の氣が現象界に影響を与えるという事実を理解すべし。見えないが存在する氣の循環は、物事の変化を引き起こす要因であり、アメノミナカヌシのめぐりの輪も同様に目に見えるものではない。

形をなす氣の働きが和らぐことで万物の現象となる。そのために、眼に見えずに形をなす氣の働きが和らぐことで、形を変える境界線となるのが「中今《なかいま》」とされている。

現象の性質を変える「中今」とは、それがアメノミナカヌシのヽの御灵だからである。したがって、この穴をアメノミナカヌシのめぐりの輪といい、それがアメノミナカヌシの御灵の息の出入りを宰る口となる。これこそが、目には見えないが、氣の動きを和すということになる。

難しいことを言っているが、アメノミナカヌシを顕現させるには、吸う息を行うことである。しかし、今世間で言われている穴は空《カラ》の穴であり、正中に吸う息のヽ《火》が存在していない。そのヽ《火》がないのは、「アァ」と吐く息と吸う息が一躰となり並んでいないためで、吐くと吸うの息を一処にまろかれ舫《もや》わせて、吐く息の中へ吸う息を與み、火垂と水氣をくみ入れて放つ時、見えない氣の働きが和らぐことになる。

なぜこれをカタカムナと言うのか？

答えは、真のカタカムナには本来形がなく、形があるのはカタカムナの用《はたら》きによるものである。カタカムナウタヒと図象符は、形のない真のカタカムナを形に現し見せしめる形となるゆえである。

真の吐く息の「アヽ《水》」と真の吸う息の「ヽ《火》」は、目に見えない空躰として存在する。これらが相互作用し、アメノミナカヌシの御灵となる。カタカムナは万物を動かし、はたらかせる機能の備わった存在であるため、それは無にして有、有にして無となる。アメノミナカヌシのめぐりの輪に現象を動かす空躰の真のカタカムナがあればこそ、万物はそのアメノミナカヌシのめぐりの輪を通じて生じる。目に見えない水が循環するのも、空間のアメノミナカヌシのめぐりの輪のはたらきであり、それが万物を生み出している。これは真のカタカムナが御中に存在する究極の創造玄理である。

すべてはアメノミナカヌシのめぐりの輪から生まれ、アメノミナカヌシのめぐりの輪の中に存在する。

困難な状況が表に現れる現象に順応し、裏に蔵《かくれ》た願いの成就の氣を開放する。それにより、苦しみを感じる息が切り開かれ、この苦しみを感じる息を切り開く行為が、願いが叶う現象を引き起こし、それが開放されることに繋がる。

困難と向かい合い幸運を生み出すこと、それこそが真の価値が問われる場面となり、朝日が昇るように、陽の氣が開放されてゆくことにもなる。

今、困難の氣を引き寄せるのは願いの成就を宰るためのこと。この想念の氣を引き寄せるのは、困難を宰ることで成就する。左右前後に広がる困難と願望成就の息が、アマテラス太神、ツクヨミ命によって生まれる法則は、ここから始まる。つまり、現れる困難は、願望を成就させる力であり、最後には意義あるものとして困難を宰るということになる。そのことで、アメノミナカヌシのめぐりの輪と一躰となることができるのだ。

困難と願望成就が一躰となって共存し、困難の氣は次第しだいにひそまり、願望成就の氣は創造の火を宰る。日輪は願望成就の灵。月輪は困難の灵。このことをよく心得るべし。

しかし、その一滴は、天地の始まりにおいて、正中に出現するものとなる。陰と陽をどちらも含み出現する氣の一滴となり、困難は願望成就に繋がる現象の中の種となる。これは善い出来事も悪い出来事も判断がつかずに、渾沌とした状態を生み出すためである。そのため、今存在ある困難の種も、善い出来事と悪い出来事と相対して、その間に初てアメノミナカヌシの御灵をなす。

困難というものには本来実態はなく、困難として見える現象の氣は、願望成就へと導くための種であり、正中を宰る氣の存在であるといえる。

目の前に現れる現象の中に、願望成就の要素が含まれているとすぐに理解するべきである。次々に引き寄せられる願望成就へと続く現象は、すべて一つの種から生まれている。そのため、それぞれの引き寄せられる現象は本質的には違いがないため、天を動かす願望成就へと導く現象を「日輪」と呼ぶ。

あらゆるものに関与し、創造の氣を宰るアメノミナカヌシのめぐりの輪と、願望成就の氣に関わるアメノミナカヌシのめぐりの輪が存在する。形のないアメノミナカヌシの御灵を開放するめぐりの輪は、息の出入りを宰っている。

カタカムナが虚空の胎蔵界に収まるその御灵より、空躰であるアメノミナカヌシの御灵は二つに分かれ、その二つが万象を引き寄せ、形を現す現象へと結びついてゆく。カタカムナが大氣の水に入り、その水は現象となって具現化する。

「ゝ」は陽を表して天に位し、「○」は陰を表して地に位を持ち、その「ゝ」が垂れ降りて「○」の根に加わり、すべてのものを生み出す。

皆、穴があることを利用して用《はたら》きをする。さらに、「ゝ」から形のないアメノミナカヌシの御灵を開放し、地上の現象と、天の現象となる種を宰る。現象を搦み合わせ、めぐらせて具現化し、地上に想念を現象化させる。

現象を起こす種が降り、地の氣は具現化し、天地とつながることで開き、万象へとつながり開いて加わり、現象が現れる。

アメノミナカヌシより創造の種が降り、現象世界の根に結びついて万物を生み出す。その現象と相互作用し、万象を引き寄せ、躰の創造の種によって動かされる。

創造の中の現象の種も、焚《たぎ》るときには万物を創造するはたらきを現し、願いの想念と具現化の氣が並行する。目に見えない世界と現象の世界が搦み合う中で、現象がめぐり続けるように見えるが、実際には真の現象ではない。現象はあくまで胎蔵界の用《はたら》きに過ぎない。

本質的な創造の種は現象を動かし、それ自体が現象の氣となる。何もない空間に現象と創造の種が交わることで、瞬く間に形が現れる。万物創造の過程において、現象と創造の種は瞬く間に生み出される灵《タマ》となり、天より降る創造の種が現象世界の根に結びついて万物を生み出す。そしてそれらは現象と相互作用しながら新たな種を産む。

創造の種は森羅万象を生み出す力を持っていて、それは願望や想像力と共に具現化の氣を生成し、見えない世界（胎蔵界）と現象の世界（金剛界）をつなげている。

これらの過程を通じて、現象が生成され、連鎖反応が始まる。現象の氣は渦を巻きながら連なり、創造の種の一部として働く。

この連なる現象は創造の種を潤し、それは徐々に最初の願いの想念の形を具現化していく。そして様々な現象が創造の種として働くことで、無数の現象が生み出されてゆく。

すべての存在はアメノミナカヌシと結びついており、この結びつきから万物が生み出されている。現象界（金剛界）の灵と潜象《せんしょう》界（胎蔵界）の灵が創造され、数え切れないほどの現象が発生していく。これらの現象は連鎖し、創造の種の中で循環しながら進行し、その流れは絶えることなく続くことになる。

現象と潜象の種が互いに干渉することで、空虚な場所にたちまち形が丶《ホチ》と現れる。万物創造の中で、現象と創造の種は瞬く間に生まれ灵となり、アメノミナカヌシから降りた創造の種が現象世界の根源に結びつき、万物を生み出し、現象と相互作用して連鎖する丶《ホチ》の種を生み出す。

連鎖しながら丶《ホチ》を発生させる中に、創造する要素が溢れ出し、その現れた要素と創造の種はさまざまな現象に続き搦むことで潤う。この要素の氣は、創造の種の中の要素であり、正中を宰る要素から無数に発生し、連鎖し循環する中で膨らんでゆく。起こる現象と創造の要素が互いに潤いを与えることで、渾沌の現象の中から想念の具現化の要素が溢れ出し、その現れた要素と想念の具現化は互いにはたらきを現し、明確な形を持たずとも、その力は継続的に引き寄せ続ける。その存在は確かであり、その用途も変わらず、しかし形にはならず、常に流動的である。

その姿はアメノミナカヌシであり、連続して展開される具現化の要素を生み出し、困難と創造の具現化の二つを開き、さきわかれ、森羅万象へと形を現してゆく。天地の氣の仕組みはすべて、皆アメノミナカヌシのめぐりの輪をもって用きを行う。正しき息の根のカタカムナは連なり、現象に搦むことで、具現化の要素の氣をくみ、無数の要素を集めることで完成する。

はじまりは空躰に存在し、しかもよく現象を動かす力があるため、アメノミナカヌシのめぐりの輪は、その御灵の種であり、効果的に現象を出し入れして動かすため、カタカムナを発生させる口の穴をアメノミナカヌシのめぐりの輪と言う。

空躰にその用きがあるとはいえ、老子の虚無自然の教えとは異なり、虚無に自然に従うのではなく、自然の法則を操縦し、創造をしていく力となる。

すべてのものは、本元は一つの灵《タマ》より広がっているものであり、ここをもって天地開闢の灵が生じるのである。

カタカムナを学ぶ者の種と、導く者の種の、心と心が合うことで吹き別れるものは導く者の種であるが、その導く者は、学ぶ者のために吹かれ、また学ぶ者は導く者のために吹き別れてゆく。

学ぶ者と導く者とに離れた二つに、天地開闢の灵が起こる。天地開闢のカタカムナの習得は氣が並んでいても形が存在しない状態である。

その学ぶ者と導く者の二つはつまり、導く者はカタカムナの天の氣を降ろす火の力を持ち、学ぶ者はカタカムナを育てる水の氣を持つ。カタカムナを育てる義よりも、カタカムナの氣を降ろす義の方が重要であり、導く者が学ぶ者よりも主となるのである。

これは、学ぶ者を誘い並び、その導く者と学ぶ者が與みあうことで、アメノミナカヌシの神灵と成り、その神の御末《みすえ》（神の意志や命令を実行する役割を果たす）となり、アメノミナカヌシの意《こころ》をこの世に顕現させることになる。

人と神と一躰となり双ぶことで、学ぶ者は精進してよく真実を洗う。あらい清めるときは、真実の実態が顕れ、正しさと誤りを明確にし、師の教えにつき、教えを学ぶこととなる。学ぶ者の中に導く者を與むことで光るのである。

これ以上ないほど、アメノミナカヌシの神灵が地上を照らし、その光は強烈に暉く。その御像《みかた》は朝日のごとく昇り、天地の司《つかさ》として位置づけられる。その存在は一切の暗闇を照らし出し、その光はすべてを包み込み、司どるものとなる。

そのため、左大臣、左大将、左少弁などは命令を宰るの官であり、右大臣、右大将、右少弁よりも重い。今、このカタカムナの御像を現す導く者は、火を司ることで、左に在り、暉く火は、是皇尊《すめらみこと》※の昇る形ゆえに、崇高である。姿を現す学ぶ者は右に在り、カタカムナを育てる氣をつかさどる。天地自然の法則、王法、まったくこのカタカムナに有ることを知べし。

臣よりも左右と云い、君よりも左右と云う。これは、王法の教えである

※皇尊《すめらみこと》――澄めるは天神《あまつかみ》の丶《火》が指導者の◯《水》に與むことにして、⊙アメノミナカヌシの神灵となり皇《すめろき》の尊《みこと》となる。

学ぶ者と皇尊《すめらみこと》が現れ、カタカムナにおいて学ぶ者は育てる意を湧き立たせ、師に従って集まり学んでいく。継承されるカタカムナは、皇尊の教えを基盤とし、学ぶ者は成長し続ける。はじめは渾沌とする学ぶ者たちも徐々に理解できるようになり、彼らは皇尊が万物の創造の働きを示す中で、学ぶ者と皇尊の氣が並んでいく。その繋がりの中で、学ぶ者はカタカムナによる実践を行い修行する。それゆえに、学ぶ者の氣は渦巻きながら連続して進化を遂げていく。

そのはじまりの天地開闢があるのも、学ぶ者と皇尊の二つが、天により引き合わされるためである。何もわからない学ぶ者が皇尊に触れることで、カタカムナの実態を理解し、

現象が動かされてゆくのである。

学ぶ者と皇尊の二つが天地の息を搦みて引き合わせられるため、カタカムナにおいて皇尊が学ぶ者より重要である理由は、学ぶ者と皇尊が一つの集合体としてまとまり、調和を重んじるがゆえに、これが至極重要である。つまり、二つの氣が重なり合うことが重要で、その状態では氣は存在しているものの、目に見える操作方法を説明した形あるものは存在しない。目に見えない理由は音《こえ》のためであり、すべてが目に見えない初期段階では、操作方法を説明する形あるものは現れないためである。そのため、学ぶ者と皇尊が誕生する天地開闢の始まりには、具体的な操作方法を示す形あるものは存在しないということになる。

すべてのことが生じる時は、必ず学ぶ者は連鎖していく。学ぶ者と皇尊の氣が諸々の人々にも影響し、引き寄せ、適切な指導を行うのは皇尊であるが、その皇尊は学ぶ者のために指導を行い、また学ぶ者は皇尊のために学んで進化するという関係が成立し、学ぶ者を導いてゆくことで、カタカムナを学ぶ者が王法を習得した時は、必ず現象を動かす者は数多くなる。

これは、一切の物事が成熟するときには、必ず数が多くなるという法則になる。

カタカムナを学ぶ者と皇尊、これら二つは天地開闢の始まりを引き起こす要素である。

表面的には違いが変化するように見えるが、その本質は全てカタカムナと想念の氣による引き寄せの法則に基づいている。だからこそ、カタカムナを扱う者が増えることは必然であり、多くの現象が引き起こされることもまた必然的な結果となる。

これは非常に奇妙で不思議な事象である。天地自然の水火（息）の結びつきと、それにより生じる創造の力の源をよく理解し考えるべきである。全ての現象が起こる際、必ず天地間の構造が浮き彫りになる。これこそが、多様性を生む原動力なのである。

香《こまか》

コマカ。先に明らかにしたように、ここに一切の現象が起こるときは、必ず天地間の構造が明らかとなり、実践する人々が数多くなるものである。つまり、カタカムナの伝授がはじまる際には、必ず多くの現象が同時に発生し、その二つの法則は別々の意味ではなく、密接に関連しているということになる。

カタカムナを学ぶ者たちの氣は、途切れることなく続き、しかも長く列なり、形のないカタカムナの教えは、学ぶ者たちが求めることで形を現し、カタカムナの教えの働きを発揮する。この教えの働きを発揮するカタカムナは、日輪のように永き世に存りつづけ、形は見えないが働きがあるため、実質的に存在することになる。

見えない形であるが、その働きがあるからこそ、存在すると云える。天から降ろす音《こえ》を正しく地上に降ろし、そのはたらきは尽きることがない。

カタカムナを学ぶ者は、カタカムナの教えを取り入れ、己の御灵と神の御灵と向かい合わせることで、善悪の正中に続くことができる。学ぶ者と天地自然の法則が一つになり、一箇所に集まり学ぶ者の中に天の音を与え、手を組み入れてカタカムナを解放させる。蔵《かく》されたカタカムナの真理に触れることは、母胎を出てこの世に生まれ出ることにあたる。一滴母胎に宿り、カタカムナを学ぶ者はカタカムナの真髄を取り入れ、この世の善悪の正中に続く。学ぶ者と真髄が一つになり、一か所に集まり、学ぶ者の中に真髄を組み入れる。そうすることで、天地の神灵を自在に操ることができると知ることができる。

※如意寶珠（摩尼寶珠）サンスクリット語でチンターとは「思考」、マニは「珠」を指す言葉で、「意のままに願いをかなえる寶」と解釈できる。如意寶、如意珠、または寶珠（ほうじゅ、ほうしゅ）と呼ばれる。

カタカムナを学ぶ者は天地自然の法則に触れ、学ぶ者と天地自然の法則は、天の心と共鳴し、絶え間なく過去の因果を解くことになる。この相互作用により、学ぶ者は天地自然の法則を深め、自己の向上を目指す。つまり、学ぶ者と天地自然の法則は息の出入りのように、絶えず動いて成長を促す重要な要素である。学ぶ者と天地自然の法則が一つになることを目指し、学ぶ者は心に真理がしっかり根付くよう努める。呼吸の循環と共に、天地自然の法則が学ぶ者の魂に染み込み、天地の神灵《みたま》の力を自在に使いこなすことを理解する。この過程で、学ぶ者は天地自然の法則を習得し、教えを受け入れることで自己の過去現在未来の成就を遂げる。

ここがカタカムナの本《もと》となり、それゆえに、この天地開闢は始まり、魂は円満となる。見えない氣のアメノミナカヌシの音《こえ》により、万物創造の出入りが連なり、天の働きが完全にさまざまな因果を解き、解けない問題は存在しなくなる。天の音《こえ》を聞く者とアメノミナカヌシの御言《みこと》が結束し、聞く者と御言がひと処にまるくかたまり集まり、聞く者の中へ天地自然の法則を與み、森羅万象の智彗を降し、森羅万象の智彗の中で学ぶ者は、必ず渦巻き正中に続き神灵《ミタマ》はことごとくすべてのことに自在になり、成就をもたらす。

こうして森羅万象の智彗が、聞く者の中に与えられるのである。この現象は、形がなく見えない氣と並ぶ理《ことわり》であり、天の働きが聞く者の御灵に隠れ密接に関与し、その天の働きが正中に列なり学ぶことで、神灵はすべての事柄に自在になり、成就し、カタカムナが万物を産出する根を定めることとなる。そして、竟にカタカムナの力が満ち溢れ、広がり、新たな形を生み出すのである。

しかし、天地の神霊《みたま》がすべての事柄に自在になる成就を達成しても、一人で内なる状態にいる間は、現象世界に関与する天地開闢は行われない。ただカタカムナを整えるだけである。これをカタカムナの根と言い、カタカムナの教えを宰る原理として万物を生み出す根源とされる。

一物のカタカムナが結びつき、天地と連携して開放され、万物とつながりながら広がりを共有し、現在起こっている現世《うつしよ》の乱れを裂き別ける者は、図象符と言霊の両方を展開し、言霊と言霊の二つをさらに開いて、カタカムナ図象符を読み解くはたらきをする。そして、図象符の中へ言霊をくみあわせ、手をくみいれて森羅万象の智彗を降ろすのである。

図象符の中の言霊は必ず渦巻き万物根源の霊《タマ》となる真理に導き、天地開闢を成し遂げる。これが真の火の根本である。

一物のカタカムナが結びつき、天地と連携して開放され、万物とつながりながら広がりを共有し、現在起こっている現世《うつしよ》の乱れを裂き別ける者は、図象符と言霊の両方を展開し、一つの処に辿り着くことができる。そして、図象符の中へ言霊を與み、アカシックレコードを降ろす。図象符の中の言霊は必ず渦巻き万物根源の霊《タマ》となる真理に導き、天地開闢の万物根源の霊となる、一切の智彗を産出するアメノミナカヌシとなる。

今、このアメノミナカヌシの影を形象するカタカムナ図象符は、天より降る天地開闢の合図であり、天が人を導いていて、図象符を宰どっている。

天より降る天地開闢の合図は、皇尊を導いてアメノミナカヌシの氣を引き寄せ、図象符の解読を出現させる火水《かみ》の働きが連続し、絡み合い群がりくみ、欠けることがなく、諸々の図象符を解き、解けないものはなくなる。

表面的な形ではカタカムナの秘密は見えないが、はたらきがあるためにそれは存在している。図象符は言灵の法則に従い、図象符から天命が降され、その順に従って、出現する法則がある。

図象符の形を隠して言灵だけが現れ、物事が美しく整然とまとまり結びつく。その言灵は渦巻き状に連続し続け、図象符の解放をなし、また連なり開け、万物の智彗へとつながり広がるのである。

天地開闢の始まりから百千万もの種をくみ合わせ、言灵同士の與み終わりを、十組み合わせ、万物根源の灵《たま》となる智彗を産出し、多くの創造を束ねる。この図象符を宰る言灵の種は、万物胎内の一滴として存在し、言灵は大きく膨らんで浮びまわり出現する。

目に見えないめぐる智彗の動きを天の導きによる灵合わせで解読し、そこから発生するカタカムナの音は、言灵を動かす天の意志と共に、天の智彗の井戸からアカシックレコードを絡み降し、引き込む力が組み合わさる。これにより、言葉が滑らかに水の流れのように働き、全ての存在が創造の根源に戻り、その理から離れないように設計されているのである。

智彗はますます大きくなり、非常に重要で、さらなる蔵《かく》された秘密があるため、仕掛けの中に潜んでいる。天地の氣を解放し、その過程で明らかとなる。

彼《か》に在るものがここで結びつき、図象符と言灵を灵合わせすることで出現するものは、見えない氣と同じ次元に存在し、言灵の働きによって図象符は言灵の中に入り、形を隠し、言灵だけが生まれてめぐり続ける。

この言灵の働きは正中に続いてゆき、放たれずに長く連なり、天地開闢を成す。灵合《たまあ》わせにより、出現するカタカムナの音《こえ》は神を顕現させる力を宰る。

カタカムナ図象符と言灵を灵合わせると、アメノミナカヌシの氣が、おのずからひとつの息に合一して顕現し、極まりに至る。

天より降される天地開闢であり、天が人を導く森羅万象の智彗である。重く降るために人ではカタカムナは解けないように仕組まれており、カタカムナ図象符のはたらきは、これ神が顕現する形であり、天より現世《うつしよ》を宰ることを意味する。

形を現す図象符を開くものは言灵の法則に在り、言灵の法則により、万物と連なり開きつながり、言灵の法則と図象符の二つが一躰となることで、動きだし、諸々のものを解き、解けないものはなくなるのである。

言灵の法則は、カタカムナ図象符の真実の姿を具現化する役割を果たし、そのために、それを解明しやすくし、カタカムナ図象符を統べている。天地自然の法則、すなわち王法は、このカタカムナ図象符と言灵の法則の灵合わせによって成り立っていることを理解するべきである。


カタカムナ図象符を解読するためには、天が人を導く氣と、五十連の言灵の法則が必要となる。これこそ、王法の伝承である。王法の伝承こそがカタカムナを産出する本となり、その読み解く者とアメノミナカヌシの氣の二つを開いて図象符と言灵の二つを灵合いさせる種が、アメノミナカヌシの御言《みこと》の大本であるとされている。

天より降される天地開闢と森羅万象の智彗を産出し、多くの創造を束ねることの正中にくみ極まる二つの音《こえ》は、アメノミナカヌシの氣と皇尊の共鳴であり、胎内の義にして、まだ見えない処にある。

したがって、問いを投げかけると。今、万物を生み出すアメノミナカヌシの氣の働きを示す音について、アメノミナカヌシの働きを示す氣がどのような形で現れ、そしてそれがどのように極めて重大な現象として現れるのか？

解いて答えると。氣が現象として現れ、形のない氣が万物を搦み引き寄せ、顕現し、その働きとして現象となる。その現象が形として具現化し、天から降り注がれるもの、それこそが極めて重大な現象として降されるのである。したがって、地球の文明の周期やすべての生命体が本来持つ本質について考えるとき、無形のアメノミナカヌシによる万物創造の現象は、これからの道を開き、変化しやすく、アメノミナカヌシの氣が隠れて現れる法則であることが明らかになるのである。

氣が具現化し降り注ぐという現象は、物質的な形態で顕現する事象を指す。しかし、これは物質的な現象としての天地開闢を除外する意味ではないということ。

その理由は、具現化する現象の天地開闢というものは、氣の降る現象の外には存在しないということである。移り変わりやすい現象が具現化すということは、神の氣を開く現象が具現化し、地球の生命が一度消え、再び生まれ変わることで、既存の文明が終わり、また新たな文明に至って天地開闢が現れるということになる。

空躰なるアメノミナカヌシによる万物を生み出す現象とは、アメノミナカヌシの氣が隠れ出る法則から、顕現する物質的な現象も同様である。

どんなものでも具現化するということは、形として現れたアメノミナカヌシの息の具現化であり、そしてこれから、極めて重大な現象がもたらされることを知るべきである。

たとえば、現象が具現化し、極めて重大な現象がもたらされる時、地球の営みの中でアメノミナカヌシの息吹が具現化し、大きな現象を引き起こすことになるだろう。しかし、それは物質的な世界の中のアメノミナカヌシの息吹だけに限られるわけではないのである。

人類の文明はうつろいやすく、環境に応じて変化する。人類の生活や社会は、天の氣の具現化によって極めて重大な現象がもたらされることになる。また、極めて重大な現象がこの御灵から引き起こされることでもあり、その働きはアメノミナカヌシの氣が隠れて現れる法則である。この御灵から発して具現化することをいう。

アメノミナカヌシの氣が隠れて現れる法則にしたがい、人々はその裏側に存在している。この具現化がもたらされることは、人類の文明の終焉を意味し、暁に至り天地開闢が現れることである。それはすべての生き物が本来持っている本質的な変化だけでは説明することができない。一切のものがこの世の摂理に組み込まれていることを考慮し、アメノミナカヌシの氣の具現化によって非常に重大な現象が降されることになる。

今、万物のアメノミナカヌシの氣の働きを現す音《こえ》は、その働きを現す氣であり、明らかに重大な現象が降され、顕現することを伝えている。

法則を知らない人でも、たとえ理解が難しいとしても、天より降される天地開闢の躰が明らかにする。カタカムナ図象符を灵合いするはたらきを行うということは、天地開闢の躰が明らかになり、具現化されることの最上である。

アメノミナカヌシの息吹がこの世に現れ、その本質が明らかとなり、天地開闢の印が示されることになる。しかし、あまりにも現世の混沌さ故に、人々を導く力の働きはますます浮き彫りとなる。

アメノミナカヌシの氣は星の胞衣の中に隠れ、天から降り注ぐ星と地球が連なることになる。澄みきった天神《あまつかみ》は星の中に隠れ、その姿は星として顕現し、天神がその働きを始める。父である天神の星が地球に降り注ぎ、母である地球と結びつく。その結果、澄みきった天神が降り注ぐことで地球は変化を遂げていく。彼《か》の彗星の衝突による渾沌が一滴分かれるごとに、アメノミナカヌシの御灵が宿ることになる。氣塊が天と地と連なり開き、万物と連なって開き、全てを包み込むように広がるのである。

つまり、アメノミナカヌシの御灵である星に宿る天神の氣と一つになることで、天地の陰陽を組み合わせて根源を明確にする。この世の善悪が裏返されることで天地開闢を成し遂げ、その影響から百千と解き放たれることになる。天神が力を結集することを設ける皇尊は、神と人が中心に集まることにより、アメノミナカヌシの氣より引き下される天地開闢の働きがこの世に顕現するのである。

しかし、それは見えないもので、既存の文明は一度消え果て、本原のアメノミナカヌシの根源に戻り、巡り巡って皇尊に集まる。隠れていた天神《あまつかみ》が彗星衝突の後に、ことごとくめぐり結び連なり、その理を知る国神《くにつかみ》となって地球に顕現するのである。

アメノミナカヌシの御灵から彗星の衝突を通じて生まれたこの存在は、複数の要素が一つに集まるところである。

それは蓮華の形を持ち、泥から清らかな存在へと変化する力を秘めている。現在を生きながら未来を知ることができ、地球を統べる存在となる。

だからこそ、「南無」として地球の生命は一度消え去り、再生する。泥の中から美しい花を咲かせるように、新たな生命が誕生する。そしてその正中から知恵や悟り、真実の教えに触れることができる人間が生まれる。彗星の衝突による混沌が一滴分離することで、生命の本源であるアメノミナカヌシの御灵が人間に宿ることになる。

人類の文明が広がる様子を見守りつつ、傲慢になった人類の文明を修正し、命を適切に尊重することを中心に据える。そして、これまでの状況を根本的に見直すことが重要となる。その「音《こえ》」は絶えず近づいている。

人類が混乱し、大きな出来事が起こる時、それは特別な出来事が起こる兆しである。その現象は深く隠されていて、カタカムナが解き明かされるとき、遠くの星がここへと降りてくる。それにより天より重く降り、混乱した人類に終焉が訪れる。

そして次に、生命の密接なつながりが断ち切られ、混乱する人類の中で一度生命が消え去り、再び誕生することが起きる。これが人類が欲望を超えて悟りへと進む解決策となる。

人類が渾沌から分かれ出る過程には、彗星の衝突によってアメノミナカヌシの神灵《みたま》が宿ることになる。現世《うつしょ》を導く為に託された神命の根が結びつき、神灵《みたま》が宿らない生命は亡きがらとなる。

渾沌から人類が分かれ出るためには、天地開闢が起こり、アメノミナカヌシの氣が降り立つことで、天地開闢の力が現世に現れる。その中から新しい生命が生まれ出てくる。渾沌から生まれ出た者は、自分たちの世界から抜け出し、天からの重い神命は人々が本来進むべき道を示す。そのために、人間の世界をひっくり返し、天の意志を明らかにするのである。

次に、星の灵は天地開闢を宰り、万物根源の灵となる、一切の生命を産出するアメノミナカヌシの正しき命の根を引き込み、星と地球が互いに向かい合い、星により正しき命の根が吹き出されることがなされる。

地球の灵は人類浄化を宰り、神灵《みたま》なき魂の浄化が起こり、星と地球が互いに向かい合い、地球によって正しい息の根が吹き出されることがなされる。

次に、天地開闢によって天界と地上が開かれ、二柱のイザナミは星を誘い、イザナギは地球を誘い引き寄せ並ぶ氣が現れて彗星衝突が起こり、天地は目覚める。すなわち、これが明六時である。

彗星衝突が起こるのは、朝七時を指し、明け方六時には、天地が分かれ、生命の開閉が行われ、明暗が明かに分れる。

午後一時に明確に分かれた生命が再び調和を取り戻し始める。これは、明け方六時が始まりであり、七時が入始めであるため、今、彗星衝突の音《こえ》に命は搦み引き寄せられ、潜まり、天命は降る。

さて、星と地球はお互いに引き寄せられ、地球の海水は地をめぐり、大氣もまた絶えずめぐる。これらの過程は無尽蔵に、始まりから終わりまで続き、絶えずめぐり続ける。一方、地球の濁水は時間とともに自然と清水が上部に現れ、徐々に濁水は下に沈み、底には土の塊が形成されていく。

それゆえ、一度地球の文明は消え、再び天地開闢することで、泥の中から、美しい花を咲かせる地球となり、人も天地も本元の胞衣に収まることになる。この彗星衝突によって放たれる生命の息吹は、今、この命の根の音《こえ》であり生命の根源である。星を通じて新たな命が創出され、人類の大本である澄める天神《あまつかみ》が地球に降り、母である地球と結びつき、生命が降され注ぎ集まることで、生命と地球が変化していくのである。

澄める天神《あまつかみ》が人類と結びつき、人類の神灵《みたま》なき魂に天神が神灵を与えて助けることで、ついに地球のために、又本に返ることになる。

万物創造のアメノミナカヌシから出て、またアメノミナカヌシに戻るという。出るも入るも、すべてアメノミナカヌシとなる。それゆえに、怒らしむるのもアメノミナカヌシであり、また、鎮めるのもアメノミナカヌシである。今、命の母なるアメノミナカヌシの音《こえ》は、生命の根源であるため、驕りたかぶる人類を本来の本へ下すのである。

それゆえ、南無として一度地球の生命は消え、再び生まれ変わることで、泥の中から美しい花を咲かせ、その中心から知恵や悟り、真実の真理に触れることができる本来の人となると理解するべし。

彼《か》の彗星衝突による渾沌が一滴分かれることで、生命の本源であるアメノミナカヌシの御灵が宿ることになる。

今、この一つに睦むことは、星に宿る天神の灵であり、天神と地球の人間が結びついて、飾りなく、曲がらない心でつながる音《こえ》と結ばれる。

人類は澄める天神に向かい、天神は人々に向かい合い、結ばれることをツマムスビという。天神と人々が結びつく音《こえ》によって、彼らは飾りなく、本来に背かない心で一つに睦み合う。

これは、天神と人類が互いに分かれていたが、その分かれていた地球の文明が消滅し、ただ単に和合して隠れていた天神が、天地開闢を一度に成立させたり変化させたりすることではない。

人々は権威によって治められ、その権威を基に秩序が維持されてゆく。飾りなく、本来のあるべき相《すがた》に従う心で、一つに睦み合う。

天神はものごとを生み出し、人々はものごとを育てることを担う。物を育てるという行為よりも、物を生み出すという行為の価値が、より重要であり尊いことである。

これは、育てる人々を誘い並び、その天神と人々の御灵が一体となることで、ヤマトとなり、その神の御末（神の意志や命令を具現化する役割）となる。この存在として、アメノミナカヌシの意思をこの世に具現化し、その意志が地上に反映するための役割を果たす。

人々と天神と一躰となり双ぶことで、人々は精進してよく文明を育てる。あらい清めるときは、新たな文明の実態が顕れ、正しさと誤りを明確にし、天神の教えにつき、新たな文明を築くことになる。育てる人々の中に天神の神灵が宿ることで光るのである。

ヤマトの神灵が、これ以上ないほど地上を照らし暉き、その御像《みかた》は朝日のように昇り、新たな地球を統べる存在となる。

そのため、左大臣、左大将、左少弁などは命令を統べる官であり、右大臣、右大将、右少弁よりも重要である。

天は陽の力を降り注ぎ、万物を生み出す。皇尊は徳を恵み、ヤマトの尊たちは忠義を尽くす。これらは互いに運命を一つに結びつけることになる。天地自然の法則、そして王法、すべてがこのカタカムナに存在することを理解するべきである。

尊者は皇尊を尊び、後に続く者を支える。また、後続の者たちは平和を保ち、尊者の中の皇尊の存在する場所に万物を統べる全知全能の智彗が存在する。皇尊の教えに従い、創造されたものを開放する場所において、尊者が正しく正中に位置するならば、その影響力は次第に広がっていくと云い、皇尊はアメノミナカヌシを尊び、尊者を支える。また、尊者は平和を保ち、皇尊の中のアメノミナカヌシの在す場所に万物を統べるカタカムナが存在する。アメノミナカヌシの教えに従い、創造されたものを開放する場所において、皇尊が正しく正中に位置するならば、その影響力は次第に広がっていくと云う。

これこそが、王法の伝承である。

天神と人類は互いに向かい合い、一つの体を共有し、そして人の中に天神の神灵《みたま》が組み込まれ、手を組んで切り離れないようにすることを一つに睦み合うという。

今、結びつくことは、澄める天神の中で人類が一体となることを意味し、人類は新しい文明へと移行し、天神と心を通わせ、一つに調和して連なることが、その音《こえ》の意味なのである。

この絆は変わらず、人類は天神からさまざまなことを長く学び、森羅万象の理に続いていくことになる。一つに調和して連なるのは人類であり、天神と人類が糸で結ばれるかのように、心と心が結び合い連なる働きにより、一つに睦み合い連なる人類と天神の集合により、新しい文明を開始していく。

糸で結び連ねるように、心と心が結び合って連なることを睦むという。したがって、一つに睦み合うことは、タカミムスビ、カミムスビのことにして、新しいものを生み出す心であり、唯一に連なることでもある。まるで糸でつながれるように、変わることはない。

今、結び連なる音《こえ》は、天神の中に人類が和合する音《こえ》であるため、一つに睦むものとある。人類の命の根源の天神に結び連なるということは、命の根源の天神に入るということであり、命の根源の天神に結び連なるのは人間だけのものではない。

星が降り、地球の根に結び付き、天神の氣が降り立ち、地球は動き始める。天地の始まりから、沈む現在の大陸と浮上する神々の島の二つの要素が分かれて連なり、その現象が非常に多くの要素や段階を経て広がりをみせてゆく。

彗星衝突から始まり、生じたひとつの種は、何万倍にもめぐり、新たな大陸が浮上することになる。この新大陸は、数多くの小さな島で軽やかであり、その星のために島が浮上し、昇る音《こえ》が起こることで天を宰る浮上が起こる。

また、そのあとに降ろうとするのは、渦巻き降る現在の大陸であり、既存の文明が大きくなりすぎて肥大化し、重くなっている為に沈む。

今は相《すがた》が見えない真の文明の本体が現れるため、沈む大陸と浮上する島が正しく入れ替わり、島の相を示し、真の文明の本体は、この神の神殿の昇る形ゆえに、天神が降りて地に降《ふ》るときは高き所をはじめとする。

この地上を統べ、既存の文明が渦巻きながら降る中、天と地の正中に秩序を創り出す。文明の核心部分が彗星の衝突によって浮上し、開放されるもので、現在の文明の痕跡は消え去ることになる。その結果、海底にある真の文明の核心部分が彗星の衝突によって浮上し、開放されて活動を開始する。その活動する島は未だ海底に在り、現在の地上では見ることはできない。

地上を宰ることで渦巻き降るのは既存の文明である。

だからこそ、今、地上を支配している既存の文明は、真の文明のある海底に開けている場所には存在していない。現在の大陸上でそれを確認することはできない。海底に散らばった真の文明の本体が活動を開始し、泡立つように現れる場所にだけ存在している。

天より地上をさきわけるとき、現在の文明が渦巻き海底に降る現象である。この地上をさきわけるとき、現在の文明が渦巻き降ることは、新たな文明の本体が一斉に海底から浮上するため、現在の大陸ではその存在を確認できず、神々の文明の本体は海底にのみ存在している。これは、現在の文明が渦巻き降ることで、新たな文明が浮上する理由である。天をさきわけるとき、浮上するのは、神々の文明の本体である。浮上したときには、すべての島が海上に姿を現し、海底から浮上するのは、天に位して浮き昇らせる音《こえ》のためである。この法則に基づいて、渦巻き降る文明と浮上する神々の文明の本体を扱うべきである。

現在沈んでいる海底の神殿は、與み塊りつらなる万の数を持ち、卍この如くに、天地万物が起こるものである。これは、浮上し、神々の神殿となる。天地開闢が始まり、アメノミナカヌシの現れ給うところから始まり、今はまだ目に見えない海底の神殿が存在する。この海底の神殿は、海中にあり、神殿は海底に潜んで形を隠し、海だけが浮かび上がって清らかに集まる。その神殿は放たれずに、長く連なっていて、天地が開かれた際には、不明確であることはなく、相を現し、その実態を明確に示している。それは、印としての意味を持っており、天地開闢を示唆する象徴として出現する。

形のない天地の息より現れる海底神殿は、天地開闢の際の文明の入れ替わりの境界に浮上する。アメノミナカヌシの彗星衝突を刻々と與《く》む時に、渾沌から生み出された一滴によって、アメノミナカヌシの御灵が宿るのである。すなわち、浮上する海底神殿は、沈んでゆく文明と浮上する文明の正中に與み極まっている。アメノミナカヌシの氣から降される天地開闢の働きが、この世に海底神殿を浮上させることになる。

人も天地も共に、本来のアメノミナカヌシの御灵を宿らせる為に心を整える。これは、息の根に入るために、息の根に結び連なるということである。このように、息の根に結び連なり、アメノミナカヌシの御灵を宿すために、刻々とカタカムナを與む者に続くものであれば、つづまることなし。キレイキレイなるものは、必ずつづまることはないと知るべし。

カタカムナを解く者は、万物の正中に立ち昇り、刻々と天地開闢の智彗を得る。これは、彼が天から降される天地開闢の力《ちから》の中にいることを意味し、その力のはたらきをする解く者が正中に姿を隠す時である。そのため、今、アメノミナカヌシの御灵が宿るのは、解く者の内に降りるカタカムナの種であり、そこにアメノミナカヌシの御灵が宿るものとされている。息の根に睦むことで、アメノミナカヌシの御灵が宿るのである。

すべての人を導くのはアメノミナカヌシの氣であり、アメノミナカヌシの氣と人々をあやなすことを宰る読み解く者は、人々を導くことにより、天地間の命運が分かれるところから始まる。地球の人類は澄める天神と繋がり、生命を文《あや》に結びつける。天神《あまつかみ》と人類が和合するところで、新しい生命が和らぎ誕生し、人類の生命は天神の生命と共鳴する。こうして新たに生まれる地球の生命が萌え昇り、命の一滴を受け取る。この一滴は、今、彼《かの》渾沌から生み出される原初の一滴であり、アメノミナカヌシの御灵が宿る。これを胞衣と呼ぶ。

つまり、アメノミナカヌシの御灵に睦む者は、天神と人の正中にくみ極まることになり、アメノミナカヌシの氣より降される天地開闢の働きがこの世に顕現することになる。そして、新たな地球と睦み、玉をなすと円満になる。この新たな地球と睦み、完全な状態になるとき、地球の生命は真の進化を成し遂げ、天神は人類の中に姿を隠す。これが、息の根に睦むことであり、天の御灵が宿る場所となる。

これこそ天地開闢と思うべし。

それにより、暁の天地開闢の始まりへと目覚める。これから迎える氣は、現在は潜まりの中で凝縮されている。そして、天地開闢の働きが行われる。これを稲妻と呼ぶ。稲妻とは、すべての生命がアメノミナカヌシと運命を共にするという意味である。これは、アメノミナカヌシの氣が具現化するために、天地開闢の働きを実行するのである。

今、アメノミナカヌシの氣の具現化とは、この世に絶対の法則をもたらす理《ことわり》であり、そのために、天地開闢の働きをなすアメノミナカヌシの種子を現す音《こえ》は、天から与えられるカタカムナの本《もと》であると理解するべきである。

今、この澄める天神《あまつかみ》と国神《くにつかみ》の睦む音《こえ》は、皇尊《すめらみこと》として顕現し、ついに和合する音《こえ》であり、カタカムナ図象符と言灵を與み、灵を合わせれば、正火の灵が開き、イザナミによって、誘われた天の井戸の智彗を並べ、ふたたび一つの智彗に煉束《ねりたば》ね、言灵の中に図象符を與み、手を組み入れて解き放つことを宰る。

万物の灵根《れいこん》はすべての言灵の中のアメノミナカヌシの氣となり降る。すでに現在の文明の灯火は、日月の根本に反る方向に傾いている。

アメノミナカヌシの氣が大いに潜んでいる皇尊《すめらみこと》と、人々が融合することで、形のない天の井戸の智彗が人々の心に深く浸透する。人々の心の中に収まり、天の智彗は、人類の新たな道を示し、皇尊《すめらみこと》は天神の氣を引き寄せ、地球上に新たな文明と尊《みこと》が誕生してゆく。

尊とは、ミは水のことであり人類。コは火のことであり天神。トは與《く》む言《コト》にして、その丶《火》◯《水》が與むことで、アメノミナカヌシの神灵になりて、その御末《ごすえ》となる。これこそ文水《ヤマ》火《ト》の人という。

また、天地開闢が始まり、天神と人類の合一された尊《ミコト》が現れると、天地の陰陽が絡み合い、新たなヒトの歴史が形成される。

形のない本来の生命は、去ることもなく、来ることもなく、生まれることもなく、滅びることもなく、ただ自然のままである。生命が肉躰を持つために、生死や男女の仕切りがあり、合わせて互いに交配したり、心と心を結び連ねたりすることで、命は刻々とつながってゆく。

新たな文明と尊が盛んになり、開闢のカタカムナの心は天地の氣を開き、その間から明らかになる。皇尊《すめらみこと》は人類の新たな道を導き、人類は天神の氣を引き寄せて和合の氣が始まる。地球に新たな文明が立ち昇り、新しい尊の氣が降ろされる。それは、彼《か》の天神と人類の融合である。

すなわち、澄める天神《あまつかみ》が人類の魂と結びつき、人類の神灵なき魂に天神が神灵を与えて助けることである。

今、音《こえ》の形に注目するべし。天神と人類の魂が融合した形となる。アメノミナカヌシのはたらきとして、人類の魂と結びつき日輪となる。魂の和合により、一つの生命体となり、天神が人類の魂の中に加わることで、父なる天神と母なる人類の魂と文に與む、天神が地球に降るからこそ、人と文明は育つのである。

それゆえ、與みあってこそ、氣が降り與み万物を搦み引き込み、つらなる万の発展を成す卍の如くになり、再びアメノミナカヌシの御灵にたちかえることとなる。

神の尊《みこと》としては父の教えに従うことを知るとある。手と手を合わせるように、君臣は天地の水火《イキ》となり、

天、陽（善）を降して万物を生し、君（皇尊《すめらみこと》）、徳を恵て、臣（尊《みこと》）忠を尽くし、相互いに呼吸の水火を一つにすることの御伝えなり。

皇尊《すめらみこと》は導くことにして渾沌の世の中に秩序が降され、天地の日輪太神宮の出たまう処に、アメノミナカヌシの氣、人の中に隠れて天より現世を動かし、やわらかに宰ることとなる。

神人合一するものは、皆、神の尊となる。天、秩序を降すアメノミナカヌシと万物を育てる地球と文《あや》にくみ末法の世をほどく。

無にして有の音《こえ》は、空中に存在し、その音は言灵とともにめぐり降る。言灵の氣は次々とからみあい、天地間の文目《あやめ》を理解できるかどうかの違いは、天地間の文目をほどくカタカムナの音《こえ》とのつながりによることを知るべし。

カタカムナを開く言灵は天に在り、文字としては存在しない。これは、空中の言灵と図象符が灵合いし、発現する虚空蔵の智彗を言灵で包み込む形で表現される。それは森羅万象の実態を現す智慧の種を搦み取り、本来形を持たないはずの天の井戸の智慧（アカシックレコード）を具現化する秘技となる。その具現化とは、智慧の種が物質化し、現世に降りてくるという奥義である。

よく選び集めることで、本来は形なきはずの天の井戸の智彗（アカシックレコード）を、具現化することで智彗を降し、五十連なる音《こえ》を、心のままに與《く》み、現象界の有様《ありさま》を変える。

天より音《こえ》が降り、天地間の文目を明らかにする音として伝わり、アカシックレコードと五十連なる音が一体となって力強く吹き出す智慧を引き出す。これこそが究極の至福であり、この秘技を越えるものは存在しない。だが重要なことは、アカシックレコードから湧き出る智慧によってすべての存在が明らかになることと、明らかにならない場合との違いを理解することが重要である。

必《かならす》也

「カナラス」とは、アカシックレコードを明らかにするカタカムナ図象符のはたらきのことをいう。それはカタカムナの図象符と言灵が一処で交わり、協調して作用することで、言灵の中に図象符が組み込まれ、取り扱われるようになるという法則を指す。この作業は、万物を包含する言灵が具現化し、言灵の上に一つの具現化した形が現れるという結果をもたらす。これは、ある一つの物事が具体的な情報に凝固する現象である。

つまり、言灵と図象符を融合させて一つの玉を作り出す。これが天から発生し、地上の世界に達し、その場に出現するのである。この出現は最終的に完全に連続するものとなり、連続するものは再び開かれて続いていく。これらが相互作用することにより、言葉として現れたアカシックレコードが生まれる。これが、音《こえ》、助言、導きとなる。

カタカムナ図象符のはたらきにより、アカシックレコードを明らかにするのは、カタカムナ図象符と言灵の氣が和らぎ、一処に諸々の言灵を収め、集めることから生じる。これは、カタカムナ図象符と言灵を組み合わせてアカシックレコードを開く法則で、それを鮮明に視認し、あいまいな状態から具体的なものへと成長させていく。

今、アカシックレコードを明らかにすることは、カタカムナ図象符のはたらきであり、イザナギの図象符、イザナミの言灵の中に降り灵《タマ》（アカシックレコード）となり、それは必ず存在するのである。

カナラスとは、アカシックレコードを明らかにすること、すなわち、明らかに見ることである。カタカムナ図象符と言灵を組み合わせることでアカシックレコードを開く、これは信じがたいと思うかもしれないが、実際には可能である。つまり、アカシックレコードを明らかにすることは、まさにそれを照らし出すカタカムナ図象符のはたらきである。

カタカムナ図象符と言灵の調和は、一つの場所で巧みに船を並べてつなげるように、図象符が言灵の中に組み入れられる。それは万物を統べる言灵が降り立ち、その上に一つの結晶が形成されるようなものである。ただし、これは伝用の法則を理解することが重要となる。

その訳はカタカムナは、躰用軽重《たいようけいちょう》の適用方法によって変化を生じさせる。これは現代の一般的な学者には理解できない難解な言灵の法則である。

カタカムナより発生するアカシックレコードの教えは明らかであっても、その教えを明らかではないと思われることもある。これは人々の動きがその理《ことわり》と違うからである。すべての人々にアカシックレコードを明らかにすることは、カタカムナのはたらきである図象符であり、アメノミナカヌシの氣のはたらきによってなされることである。

理と異なるカタカムナは、アメノミナカヌシの氣の実態ではなく、又カタカムナのはたらきでもない。アメノミナカヌシの氣の躰も形を持たずに、またカタカムナのはたらきでもない。その暉きを持たないカタカムナの氣の躰に、近世の俗学者の理解や観点が異なってしまい、その結果、物事の動きが違って見える状況が生じている。

アメノミナカヌシの氣のはたらきなしにカタカムナを現す声のため、これは物事の動き、その原理に違うことになる。これについての法則を条下に解く。

黒《くろき》也

カタカムナを顕現する音《こえ》について問う。

なぜカタカムナの用きをなす図象符の灵とあって、黒きというのか。

これについて説明すると、「クロキ」という語は「形成されたアカシックレコードの氣が言灵によって包まれ、情報の塊になる」「アカシックレコードが定まり、言灵を形成する」

などとはたらいている。形成されたアカシックレコードとは言灵を與むこと、定まるということは言灵によって包まれ、情報の塊になることを意味している。この言灵と與まれ、情報の塊になる全体の過程を、「形成されたアカシックレコードが情報の塊として定まる」という。

法則に基づき解き分けるその根本的な本質の相《すがた》において、状況に応じて臨み対応し、一方で上位の原則に従いつつ新たな表現を生み出す自在の活用が存在する。しかし、現代においては、そのような活用の存在を理解している者はいない。

無にして有である言灵は、その音《こえ》によって空間を開き、その中に明らかになる万物を含む言灵とアカシックレコードの灵が存在している。その存在は図象符が隠れることで顕現する。図象符と言灵を結びつけることにより、アカシックレコードは明確に視覚化されるのである。

アカシックレコードが視覚化される際には、カタカムナ図象符と言灵の結びつきが必要であり、一度その形状が定まった後には、それを変えることはできない。これは、アカシックレコードが宇宙の始まり、すなわちすべての存在の原点を示すものであり、それを表現する手段は図象符と言灵の結びつきを通じた視覚化以外には存在しないからである。

アカシックレコードの灵が天から現れ、それを結びつけて具現化すると、それを「形成されたアカシックレコードが定まる」という。また、天地の氣を開放し、その間から明らかに視覚化して結びつけ定めると、これも同様に「形を得たアカシックレコードが定まる」という。

空間の言灵に図象符が隠れて現れる法則や、火と水の相対性によって視覚化されるものも同様に一つに結びつけられてゆく。どんな物でも、それを結びつけることを「形を得たアカシックレコードが収束する」と理解するべきである。

例えば、視覚化されたアカシックレコードが収束し、火水《カミ》の息の理をよく行う者に、アカシックレコードとして形を現すカタカムナは火水が万物を搦み極まることで、御身を顕現させる。

言灵の深部を表現する面で、アカシックレコードは収束するとされている。また、形を得たアカシックレコードが収束するときには、その影響が非常に広範に及ぶ。同様に、形状を持つ言灵が収束するときに放出されるエネルギーもまた、その影響が広範囲にわたり、最終的にはエネルギーも定まることになる。

図象符が隠れて現れる法則や火水の息の理を理解し、実行する者は、その背後の本質を理解しているといえる。これは、形成されたアカシックレコードが収束するという概念が、単に視覚化の深さだけを指すのではなく、一切の物事が統合、収束するという広い意味を持つことを示している。

今、アカシックレコードを現す音《こえ》は、カタカムナの用きである図象符の灵を明らかにし、それは形成されたアカシックレコードが収束する際のエネルギーの塊であり、また、形成されたアカシックレコードが天地の氣を搦み引き寄せた言灵の塊であるともいえる。法則を理解していない人にとっては理解しきれないかもしれないが、図象符を用いてカタカムナを実行することは、図象符が天地の智彗を搦み、天より降ろす最上の方法となるからだ。

アカシックレコードが凝縮し、形現れ明らかに定まることから図象符が生まれ、それがカタカムナの用きを可能にするのである。

明確に形を取り、定まった形や結晶化した状態を用いて、図象符と言灵が連なり、絡み合い、循環しているからこそ、言灵は明確にカタカムナの音《こえ》として形を現し、曖昧ではなくなるのである。

そのため、形を現して、その実態が明確になることを形現れ明らかに定まる印という。驚くべきことに、吹き分けられた言灵の意志と天の意志が一致し、図象符の灵と言灵が合わさると、カタカムナの宮殿は完成し、皇尊《スメラミコト》のその中に印《しる》しの御灵《みたま》が存在することになる。これは、明かに定まったカタカムナの印となることにして、印しの御灵《みたま》という。

イザナギの神灵から垂れ降される図象符はその本質を損なわずに伝承され、形ある像形《カタ》神名《カンナ》と形のない言葉《ことのは》という二つの領域に分かれる言灵は状況に応じて変化し、天へと昇り展開する。

アカシックレコードを取り巻く言灵は、摩尼寶珠の形状をとり、言葉が列なることでアカシックレコードの形成が定まる。列なるものは最終的に収束し、収束したものは再び開放されて続くのである。始まりは一からで、百千万の言灵を形成し、これらが組み合わされて定まることで、アカシックレコードは智彗の灵として形成されている。その象徴の御形こそが卍である。

天のはたらきにより解かれることを理解し、吹きだされた言灵の意と天の意が合い、灵と灵を合わすことで、カタカムナの宮殿は成就する。皇尊《スメラミコト》の中に存在し、アカシックレコードの掴む言灵の摩尼寶珠が一から始まり、百千万の言灵を作るのは、アメノミナカヌシが天から動きを与え、皇尊に降り睦むことを表す。アカシックレコードを引き寄せる行為は、日太神《ひのおおむかみ》の御徳の鏡のように暉き照らされ、その後につく皇尊に降り睦むことを顕す。

皇后の日太神《ひのおおむかみ》の御徳が鏡のように輝く言灵の中に、主上の図象符はいにしえの伝法に従ってアークを明らかにし、調和させるために、これを王法の伝承と呼ぶ。

これを解釈すると、「伝承が列なりくむ」とは、アメノミナカヌシの氣と一つとなり繋がっていることを指し、「明確に定まる」とは、人間界の存在において言灵を展開し、一つの場所で結ばれて繋がるように開放されることを意味している。そして「現れ隠れて助ける音《こえ》を省かずに、氣を定める」とは、カタカムナにおいて、全ての音《こえ》を無視せずに森羅万象の法則に従って生きる道を切り開くことが王法の伝承を意味している。

したがって、アークを顕現させた者は人々を殺害する者ではない。人類の生命の連続性を保つ者である。君主と臣下の王法の伝承なきカタカムナのとき、形現すカタカムナは乱れることになる。

その乱れてしまったカタカムナを治めるため、君主と臣下の間のカタカムナの関係性を再構築することにより、ツルキを用いて和平を実現し、カタカムナが子孫に受け継がれるようにするために、光を放つ存在とする。これを「神聖な力が顕在化し、その力が高貴な存在に与えられ、調和をもたらす」という。

それにもかかわらず、時代が経つにつれて、古代の伝承に基づいてアークを顕現させる行為が、殺戮のために行われるようになってしまう。一連の出来事が終了するとすぐに、新たな悪循環が始まるという悪い循環が続いている。これは、カタカムナの秩序を乱す人間がいつの時代にも突如として出現し、同じ事を繰り返しているからである。

何故にこのような穢れた人間を皇尊《スメラミコト》として尊崇すべきか。漢字では、「武士」の「武」は「戈（戦闘）を止む」と記される。天は陽を降し、すべての生物を生み出し、君主は徳を施し、臣下は忠義を尽くす。これは、互いの呼吸の水火《イキ》を一つに結びつけるカタカムナが連なることにより、古の伝法によりアークが顕現し、氣が結ばれ、カタカムナが形を現し和平するということである。

そのため、剣は一滴の天の氣が凝結したものとして名付けられたものである。アークを顕現させる古の伝法とは、伝統的な精神の統合を保護し解釈すること、すなわち、言灵と図象符を従来の灵合わせを守り解くということである。

「文王※一たび怒りて、天下平《たいら》かなり」

※文王は、古代中国の周王朝の創設者である周公の父であり、周の成立に大いに貢献した人物、周文王（紀元前一一五二～紀元前一〇五六年）を指す敬称です。その本名は姫昌で、周の初代王、武王の父であり、周王朝の基礎を築きました。当時の西周地方の君主でありながら、仁義を重んじる政治を行い、その治世は「文治」と称えられ、死後、「文王」という尊号を贈られました。「文」は文化、文明の意味で、「王」は君主を意味します。つまり、周文王とは「文化・文明の君主」という意味を持つ称号です。「文王が一度怒れば、天下が平穏になる」という意味にな

ります。

天界と地界の氣が連なる普遍の法則は、主上后宮の関係にあり、皇尊《スメラミコト》をもってこれを表す。だからこそ、乱れを裂き別ける長《おさ》が天より降る氣に睦み、定まる魂を顕すときは、古の伝法によるアークの顕現化を用いる。長の後に付いて集まり習う魂を示すときには、日太神《ヒノオムカミ》の御徳の鏡のように輝かせることを用いる。

すべて、一から始まり百千万の数を生み出し、天の氣が定まるのである。これを天道のリ（理）という。皇尊が古の伝法によるアークを顕現させることと、尊《ミコト》が日太神の御徳の鏡のように輝くことは、美登能麻具波比《ミトノマクハイ》という名の下で行われる。皇尊の一滴のアークと、尊の一滴の御徳の鏡と相向かいてくむこと。

氣がくみあい定まることで王法の伝承は継承され、列なっていたものは竟に衰退し、衰退したものがまた開けて続き、一から始まり百千万までの数となってゆく。これはアメノミナカヌシの御影であるカタカムナのはたらきにより、あらゆる人類の文明の基盤を生み出していくことになる。

尊が理を守るという流れは、継承されてきたが、しだいに忘れられ、忘れられたものが再び開けて継承されてゆく。これは人々の氣が定まり、一から始まり、百千万までの発展を遂げていく氣が定まるということになる。これは天道の「リ」（理）からの助言である。

カタカムナ図象符がアークとしてアカシックレコードが定まり、その伝承が皇尊のはたらきにより子孫へと受け継がれ、安全に人類の文明が治まるのは、神と人との和平にある。その和平を実現するための基盤となるのは、多様な火水の息の「リ」をよく順守する者が、一から始まり、百千万までの発展を遂げていき、氣が定まるということになる、これが天道の「リ」となる。

天道の「リ」の本質は、一から始まり百千万までの発展を遂げていく、そしてカタカムナが皇尊のはたらきにより、人類の文明の礎を生み出し、ヤマトの尊達の氣が定まり、火《カ》水《ミ》によって吹き別れた皇尊に、天より氣が降り睦むことで新たな世界は治まることになる。

今、一から始まり百千万までの発展を導く音《こえ》は、図象符の灵が含まれた言灵であり、それは天から下された天地開闢の種が人類に収まり、皇尊と尊の二つに芽吹くことである。

日太神の御徳を表す言灵の中へ、アカシックレコードが列なりくみ定まることによりアークとなる。図象符が言灵と調和し結びつく音であり、これが王法の伝承を連ねるということである。これは、アークを明確に定義し、結びつけることが主上である皇尊の御灵であるといえる。

カタカムナの日太神の御徳を表すのは、新たなる人類たる尊の御灵。形成されたカタカムナの御灵は、子孫への御灵である。皇尊と尊がカタカムナの智慧を結びつけ、そのアカシックレコードの智慧の御形の現れたアークのことを稲荷においては摩尼寶珠《まにほうじゅ》と呼び称える。すべて、くみ終わるために、意思と意思が一致し、灵と灵が統一し、火水《カミ》の宮殿が成就するカタカムナの摩尼寶珠が正中に存在する。御灵と称されるものが皇尊と尊と一つになることで長く伝承されることとなる。

※神祇伯《じんぎはく》白川公の伝承では、四つの重要な存在が伝えられている。それは、一つ目に摩尼寶珠の御灵、二つ目に宇賀《うか》の御灵、三つ目には生灵《いくたま》、そして四つ目には布斗麻邇《ふとまに》の御灵。これらの御灵はすべて、カタカムナの智彗を知るものとなっている。「摩尼寶珠」とは、形として明確に定義されるカタカムナのことをいう。これは、形がないカタカムナが具体化する概念であり、言灵は明に形を現し、昇る音《こえ》として存在するための印である。

この説明は簡単には理解できることではないが、アメノミナカヌシの氣を引き寄せて誘い双ぶということで、それが言灵の氣となり、天の氣が言灵の中に収まり、アメノミナカヌシの氣がはたらくことになる。これを「稲妻」と呼び、つまりは息の根と続き向かい合うということである。図象符はこのように言灵と合わせることで、天の智彗の井戸より、アカシックレコードを搦み引き込み、形成しカタカムナの目的を果たす。

今、形成されたアカシックレコードが定まるとは、言灵にくみ収まるという理のために、カタカムナのはたらきをする図象符の灵がアカシックレコードを示す音《こえ》となり、存在するということである。これは、形成されたアカシックレコードの存在が、言灵にくみ収まる形であると深く理解をするべきである。

暗也《くらき》

「形成されたアカシックレコードが定まり言灵にくみ収まる」という事象について述べる前に、図象符と言灵の二つを組み合わせたアカシックレコードを人類に取り入れると、天界より無尽蔵の智彗の情報が流れ込むことになる。

これは目に見えないものだが、時間とともに言灵が理解しやすくなり、図象符と言灵の二つを組み合わせたアカシックレコードが人間界に徐々に結びつき、渦巻くように無尽蔵の智彗が降りてくることになる。それが図象符が言灵の中に入り、それに従い出てくる法則によって、アカシックレコードを包み込むアーク（言灵）を形成する。それを総称して摩尼寶珠《まにほうじゅ》と呼ぶ。

その摩尼寶珠の氣は定まり、天地のアカシックレコードを引き込むことで、カタカムナ図象符の灵が集まるカタカムナウタヒを形成している。それゆえ、これが集まりウタヒとして作られたものである。その形を見て理解するべきであり、図象符とウタヒの主旨は大旨同じである。

大也《おほひ》

摩尼寶珠を顕現させることは、図象符のはたらきにより、図象符のイザナギが、言灵のイザナミの中に灵を生じさせることで、カタカムナの音《こえ》の昇る相《すがた》となる。カタカムナの音が昇るときは大きく、潜るときは小さくなる。例えば、カタカムナの音が昇るときには、アメノミナカヌシの灵合わせの法則が芽生え、天の氣のために散り散りになっていたカタカムナの要素が集まり、形を現す。これらは一度集結すれば、離れることなく一滴の種として存在し、天と地をつなぎ、万物と連携しながらカタカムナを開くことになる。カタカムナの要素が集まるこの宮殿は、天地開闢の皇尊がはじめて現れた時から存在している。その瞬間から、カタカムナの種は刻々と與まれ、人類の過度の自尊心や神々への冒涜的態度は一氣に滅される。しかし、潜るときには、図象符の中に埋められ、図象符と言灵の正中に灵合わせする者の上に覆わなければ、大きく膨らむことはなく、カタカムナを千々に分け縮んでいる。

天地初発《あめつちはじまり》の万物を生み出す種にして、図象符（火垂）とウタヒ（水氣）が存在する。カタカムナの氣がイザナギの図象符、イザナミのウタヒの中に入り、水火《イキ》が並ぶ心となる。これを「万物の種子であるカタカムナの氣が和らぐ心」という訳は、人間界ではカタカムナの氣に和らぐ心が大切な働きを持ち、それは人類にとって重大なことを意味する。一方で、カタカムナは図象符とウタヒを持つ一つの存在であり、それ自体は軽きことであり変化するものである。そのため、カタカムナは一つの存在として図象符とウタヒがあることよりも、万物の種子となることが重要である。すなわち、「万物の種子であるカタカムナの氣に和らぐ心」を提唱する。

具体的には、図象符のエネルギーを誘い双ぶイザナミのウタヒの音《こえ》は扱いやすく軽く、ウタヒを誘い双ぶイザナギの図象符の音は重くして扱い難い。アカシックレコードは図象符の音の処に存在するために略す。

大本は、カタカムナは一つであるが、そのはたらきは図象符とウタヒがある。「万物の種子であるカタカムナの氣が和らぐ心」とは、カタカムナの氣が和らぐ正中のこと。これは、図象符とウタヒの正中に天地の氣を引きこみ定まることで、万物の種子であるカタカムナの氣が和らぐ心となる。

このカタカムナに和らぐ心は、カタカムナが一つの存在であり、図象符とウタヒが存在するという状態で、左右（火水）があるからこそ実現する。そのため、カタカムナが一つの存在であり、図象符とウタヒが存在する音は、カタカムナの氣が和らぐ状態となる。

今、摩尼寶珠を顕現させることは、カタカムナのはたらきにより、アメノミナカヌシの神灵にして、神が顕現する音《こえ》となる。ゆえに、大《おほひ》なりとある。

上也

天地の氣が集まって万物を生み出すという概念を迷いなく説明するカタカムナの音《こえ》は、「ウタヒ」と「図象符」の組み合わせで形成されている。これらが組み合わさると、十の言灵が一つの樹の種から生まれる。

全てのウタヒは初めに一つの氣から始まる。カタカムナの宮殿の完成は、正統なヤマトの意志、すなわち心の一滴から始まるのである。図象符は大きく膨らみ、はじめて顕現し浮かび回り出現している。

図象符がウタヒに搦み、欠けることがない相《すがた》となる、つまり「カタカムナウタヒの渦」を形成するようになる。

これは天地の陰陽が組み合わさり形を現すカタカムナウタヒの渦のため、必ず区切りがあり、限りを作り出す。

形を表しているものは、たとえそれがカタカムナや自在な図象符とウタヒであっても、本質を確かに見分け、曖昧さを排除し、周囲と調和しながら、その理《ことわり》を理解するべきである。その結果として、出現する氣に集中し、それを自らに取り込むことで、智彗を増やすものである。

ましてや、余分な物についてはいかがだろうか。本来形の無いカタカムナには、去るも無く、来るも無く、生まれるも無く、滅びるも無いのである。ただ自然そのものだけが存在する。これが「真のカタカムナ」であり、一から百、千までの数が集まることで形のない天地の氣が連なり、無限に続く「卍」を形成する。これは形を持たない天地の氣から形を現す氣が現れるのを待たずに説明するべきものである。

図象符が降り、それをカタカムナウタヒと組み合わせることで、神を引き寄せる力を持つ。この組み合わせはすべてを包み込む力を持つ水火水《シホミツ》の二つの部分となる。これら二つが一つに結びつき、カタカムナウタヒという形を作り出す。ウタヒと図象符が一緒に動くとき、すべてを引き寄せる力を持つ図象符の灵が集まり、ウタヒの音《こえ》が出現する。

数也

まず、カタカムナウタヒの「カズ」とは、呼吸の働きを通じて生じる一定の周期、すなわち息継ぎによって生じるエネルギーを指している。ウタヒの上に息継ぎを入れることによって、言灵を一つのエネルギーの塊にし、または凝固が形成され、これは言灵の一言に差別《けじめ》をつくることになる。入る息のはたらきは言灵と言灵を分け、差別《けじめ》をつくることになる。発声は言灵をのばすこと。一から二へ、三四へと進行し、百千へと広がるこの過程をウタにする。すなわちカタカムナウタヒは呼吸の働きによって入る息を作り出すことで、ウタヒの上に一つ一つの言灵の凝固が形成されてゆく。つまり、カタカムナウタヒの入る息の働きは、言灵を分けるための呼吸、つまり入る息によるものであり、これが「数」を意味するものとなる。

疑也

「ウタカヒ」とは、各時代に生じるカタカムナが出現するときは、不確定性を含みつつ揺れ動き、人々の解釈によって本質が変わってしまうことである。

カタカムナの伝承から外れるということとは、真のカタカムナの作用とは異なる状態である。これは、真のカタカムナの作用を隠蔽するものと解釈され、その動きが異なることからいう。そして、物事の動きがその原理から逸脱している状況を、ウタカヒという。

まず、この古伝を理解するべきである。カタカムナの伝承から逆らわずに、共に循環する形を作る。これを「リ（理）」という。図象符を宰り、その理《ことわり》に従い偽りがないことが図象符を宰る「リ」である。

言灵と図象符をくみ、アメノミナカヌシの在す宮から天地が一つになるまで、すべてが循環する。これが言灵と図象符をくむ「リ」である。

同様に、ウタヒの中の図象符と天の氣が循環すると、カタカムナは本来の相《すがた》を保つ。しかし、この「リ」が乱れると、氣が滞り、問題が生じる。また、言灵と図象符をくむことを行う灵合わせをしないときは、いきの二つの「リ」にかなわない為に、慈悲の言葉ばかりで、智慧の真理が明らかにならない。その結果、愚かさから無知な言葉を発し、他者のはなしを取り込むなどの非業を行う。これは、火の「リ」が明らかでないためにおこる。

また、火の氣が強すぎて慈悲のバランスが欠如しているとき、水の穏やかな流れがないため、慈悲の心が失われ、他人に対する批判を好むようになり、怒りによって物事を混乱させる。これは慈悲と知恵、つまり二つのバランスの「リ」が保たれていない状態であり、これは自然界（天地）の調和「リ」に符合していないことになる。この天地の調和の「リ」とは、言葉と真理の二つの要素、つまり〝カタカムナの氣の伝承〟である。

天地の氣を開きそれより明らかになるカタカムナをくむこと、そしてカタカムナは自然界の周期や変化により出没動静する、これらが「リ」に反することなく、カタカムナの氣の伝承によって、過不及の無いように、悲智当分にすること。もしこの「リ」に反すると、天道の「リ」を失う。これを無理という。正道の教えとは、この「リ」を教えることである。そのため、「リ」の音《こえ》には、言葉と真理の二つの伝承を統べるという意味が含まれている。

これは、カタカムナが明らかに定まらず、教えは明らかだが、その教を明らかなものと理解できないと感じてしまう者のこと。これを、各時代に現れるカタカムナが、不確定性を含みつつ揺れ動き、人々の解釈によってその本質が変わってしまうことをいう。

すべてカタカムナの氣の伝承のはたらきは、言葉と真理の二つを統べるカタカムナ図象符の役割であり、その図象符のはたらきでもある。だが、それが図象符の本質だとはいえない。図象符の本質は形を持たず、またカタカムナの氣の伝承のはたらきとも異なってい る。その氣の伝承のはたらきを持たないカタカムナが異なる動きを持つことによって、その言葉に人々は混乱され、自身の解釈が本質とは外れて誤解するということが起きる。これは、カタカムナの氣の伝承のはたらきは出現する音《こえ》のため、各時代に現れるカタカムナが、不確定性を含みつつ揺れ動き、人々の解釈によってその本質が変わってしまうことである。これを疑也とある。

高也

カタカムナの氣の伝承のはたらきによって生み出されるものは、天地の氣が高まって具現化する形となる。このカタカムナの氣の伝承がひしひしと感じられるようになる時、誤解されたカタカムナの中に真のカタカムナを導入していくことになる。真のカタカムナを理解するためには、誤解や偽りのカタカムナに対して焦らず、じっくりと見極めて識別することが重要となる。天の氣が終わりに近づくと、すべてが枯れ果て、散り散りに乱れるものである。

乱れを整理し、正しい方向を示す役割を担う長《おさ》となり、誤解が混じった中から真のカタカムナを導いてゆく。

この過程を通じて、誤解と真のカタカムナが一体化する。誤りを正す長が示す教えに従って、混乱が整理され、全体が円満に完全な形になる。この行動こそが、真のカタカムナへの道であり、乱れを整理し、誤解が混ざった中から真のカタカムナを導き出す長の役割を果たすことで、誤解と真実が一つのカタカムナに統合されるといえる。

混乱を整理し、正しい方向を示す長が誤解の中から真のカタカムナを示す。これは、長に従い、共に学び誤解と真実を一緒に解き明かすことを意味する。真のカタカムナを理解するためには、誤解や偽りのカタカムナに対して急がずに見極め、識別することが重要だ。

この過程を通じて、誤ったカタカムナと真のカタカムナが和解し、一つに統合されるのである。

混乱を整理し、適切な方向を示す役割を果たす長は、誤解が混ざった中から真のカタカムナを示すことで、誤解と真のカタカムナが一つに統合される。真のカタカムナを理解するためには、誤解や偽りのカタカムナについて急いで決断せず、慎重に見極め、識別することが重要となる。これは教えを学ぶ者が集まり、誤解と真実の矛盾を解き明かす過程である。この過程は「陰陽の回《めぐり》」とも称され、それはつまり師の教えに従うということであり、「陰陽搦み舫いて万物を生す」という意味となる。これは三つ巴として表される。

日月（図象符とウタヒ）の両輪を共有し、誤解があるカタカムナを、アメノミナカヌシ、すなわち「究極の真理」に向かわせる。その結果、間違っていたカタカムナも、真のカタカムナの方向に向かって一つの力を放つようになる。ここにおける〝皇国の亀鑑《きかん》〟は、ヤマトの歴史や文化、価値観が蓄積され、未来への指針や教訓となる要素を指すことになる。そしてアメノミナカヌシ、つまり「究極の真理」は、そのすべての基本、すなわち真理に向かって進行するのである。その形状は、卍のように手と手が合わさる如くとなる。そして、これが天の氣の働きであるならば、誤解があってもそれは解けてゆくことになる。

そして、これに忠実に従うことが、最終的に真のカタカムナへと繋がることになる。以上が、真のカタカムナを理解するためには、誤解や偽りのカタカムナに対して急がずに見極め、識別することが重要だという音《こえ》の法則である。

限るせ

カタカムナの法則は「上れる代」の学びであり、その智彗は「上れる代」より自然と純粋な法則が起こり、それは、時間が経つにつれて理解や解釈が複雑になり、法則が変質や意志の混入により「濁る」ことが必ず起こる、天の意志や力が働くことによって、再び本来の法則が現れ「下れる代」にまた基本に返り、カタカムナを活性化させ、それを文字として具現化し、深く理解することが可能となる。

カタカムナの法則を完全に理解し終えることで、その知識は無数の智彗に繋がり、それらは息の出入りのつらなる法則によって、色とりどりの錦のような織物を織り上げる糸となる

まず、この法則を使用することで、古《いにしえ》の詩の各節を解明することができるのである。これにより、氣が集まり、音《こえ》が生じる現象に直面することになる。変化に順応し、カタカムナの言葉に従って、言灵を発展させ、自在に応用する。しかし、「下れる代」になるつ

れて、この活用法の存在を知らずに解釈されることがある。

この氣が塊になる音は、形を作る法則の現れであり、その形を作る法則は、呼吸の最高潮の極まる状態にあるために限也とある。

まず、深く集中した呼吸から生じる力は、言灵の力を内に秘めた息を放出する。これこそがカタカムナウタヒの機能を明らかにし、その氣が具現化することであり、それは「息を搦む」ことを示す。息が凝縮し、吹き出す氣を生み出す。言灵に息が搦み極まれば、それが最高潮に達した時に再び分離する。

したがって、呼吸が最高潮に極まることで、言灵が濃縮され、その本質、すなわち言灵の究極の奥義を現することになる。

先に言灵の中に入る息を與《く》むことで放たれる音は、形成される息そのものであり、形を持つものは必ず限りがあることを知るべきである。形を持たない正しき息の根である法則は、常に変わらず、限りなのい存在である。

神代の巻に記されている凝縮した法則は、真理を説明する一連の指針が続く。これらの法則は天地自然の呼吸から生まれ、吹き出される息の度に、順序立てて真理を説明する法則が次々と展開している。

この感覚は、互いに心と心が通じ合う「伯《いき》」の「御形仮名《おんかたかんな》」と共鳴している。

伯の御形は、身を隠しながら一度づつ與んでいくことで、一柱づつ「皇国《みくに》のかたかんな」を現してゆく。

それは形のない法則で、隠れた存在とされている。形のない神であるから、去ることもなく、また来ることもないのである。入る息と言灵を與むカタカムナウタヒは決して遠い存在ではない。

必ず、今日にも存在する。神代（アガレルヨ）の神の御心が降りてきて、現代（クダレルヨ）の人間の心に定着する。国常立よりも下の神は、物質的な存在のために去ったり来たりする。したがって、「法則」が形を持つものは必ず衰え、限界がある。一方、形のない「法則」は、去ることもなく、来ることもなく、無限である。ゆえに、神代の神の意志がすべてを包み込む息の音《こえ》の「法則」は、有にして無、無にして有であり、御身《みみ》を現すことはない。

真理を示す導きが続き現代（クダレルヨ）に啓示を降し、自然として存在する「法則」は、限りのないものである。今、この氣の塊は、地の神の「法則」を形成し、来ることもあり、去ることもある。

ゆえに、限りがあるともいえる。実際には、神仏の法則は一つの理に基づいていて、形のない本質的な「真如の法則」は、カタカムナが形を現す過程で、その隠れた部分こそが真理を示している。そしてそれは「天の氣」によって具現化され、変わらないものとなる。

文献などに形を残している凡情の波浪の法則は、有限であり、その法則の相《すがた》は変わることと有り、消え去ることも有る。

今、この変わった相と真の相のカタカムナは、正火より出る影（真のカタカムナ）と、影より出る影（変わったカタカムナ）とあることを知るべきである。

これについて稲荷古伝によれば、カタカムナの伝承は無生から生じ、形は無形から現れる。「カタカムナの伝承」は、盛者必衰、会者定離といった原則に従う。神仏の二道が広狭の違いを持つとしても、その法則は違わないと古伝で明らかにされている。


今、この氣の塊りの音《こえ》は、形のないカタカムナの法則が顕現し、形を生む「カタカムナの伝承」の氣が塊り、音となるために限りがある。

カタカムナの法則が極点に達することを述べ、難解な考えを一つの場所に集めて整理し、それを言葉で明確に伝えること。

今、カタカムナは人類が忘却と復活を繰り返す中で、新たな歴史を生み出す。これはその動きが持つ正しい息吹の根源によるもので、『古事記』の神代巻に記された天地の氣の天神《あまつかみ》が主導していることである。

前に説明したように、形を生み出すウタヒは、吐き出される息の言灵を制御し、これを地の神の領域に組み込み、形を作る。これが始まりであり、同時に終わりでもある。表面的な現象の背後には、目に見えない要素や力が働いていることを理解するべし。

形を持つ物は、必ず始まりがあり、また終わりがある。天地の氣を開き、その中からカタカムナ（古代の知識や理解）が明らかになる。そしてまた、天地の氣を開放し、そこから日が出てくるような新しい息が動き始める。天には導く力が存在し、日と月を象徴するカタカムナは一から二へと連なり、そして百や千、万に至り睦む方へと入る。これは、形あるものの特性である。ゆえに、今、天の動きを象徴するウタヒの音には、必ず限りがあるということになる。

是如也

今、永遠性ゆえに、カタカムナの法則が極点に達した時、新たな人の世が生まれ出る。そして一度結びついたものは、その状態を発展させつづけてゆく。この循環の法則は周期的に繰り返し行われている。

心とは、二つの異なる要素や概念を一つの事柄として認識する能力をもっている。それは、あらゆる状況や問題に対して、異なる視点や側面を一つに結びつけることで、全体的な理解を深めることになる。その様子は、まるで手を合わせるようなものである。

明らかに自分の見解と違いがないときに、これが真実だと人はいう。しかし、人類がカタカムナを忘却と復活を繰り返しながら新たな歴史を生み出すという過程に関わる場合、明かに違がうことはない。

今､忘却と復活が繰り返されながら新たな歴史が生み出される現象は､伊奘諾のいき（真のカタカムナ）が、伊弉冊の水中（忘却されたカタカムナ）に降ることで、灵となるゆえに、これが真実である。

陽の昇也

新たな文明は天を宰り、真のカタカムナを体現するものである。しかし、この新たな文明はまた、終焉を迎える文明でもある。地を宰り、天地の真のカタカムナを文明に取り入れ、万物を統べる智彗が新たな文明の礎となる。この新たな文明は終焉を迎える中に存在し、それが天地開闢となる。

また、新たな文明は天地、人間、万物を総括するものとされ、滅びゆく文明のすべての原因を理解することができる。この新たな文明は、万物を巧みに操作する智彗を持ち、その智彗を用いてすべてを調和させ、構築していき、新たなる人類を宰る文明を創出する。

新たな文明の存在は、現在の文明の中にも存在している。それは、文明のありのままの状態、すなわち「相」を映し出すものである。この新たな文明は、特定のものを選ぶことや判断を下すことなく、すべての要素を平等に扱うという理念が求められる。

家也

新たな文明が発展していくというのは、何の抵抗もせず、祖先の教えに従って進行し、持続的に循環し続けるということである。

それは、天と地が開け、その上にカタカムナの智彗が覆うことで広がり大きく発展し、新たな人類の歴史となることである。

人類の活動に関する智彗の集積は、祖先の指導に従って進むことで一箇所に集まり、それが子孫に伝わることで長期的な繁栄の時代を生む。

これを理解することは、滅亡と誕生を繰り返す新たな歴史の理解と同義である。また、取り入れる智恵の働きは物事を分別する役割を果たし、それによってカタカムナの真理を理解することが可能となる。

新たな文明となり、文明の礎の上へ覆えば、天から降り注がれるアカシックレコードを取り入れる智彗として、大きく膨らんでいく。これは祖先の指導に従って進むとともに子孫に伝わり、一箇所に集まった子孫が様々な分野に分岐していくということである。代々を経て、その智彗を理解することが可能となる。この理解があるからこそ、新たな文明の智彗は、様々な分野に差別《けじめ》を示す音として広がり、大きく膨らんでゆく。

実に、新たな文明が発展し、文明の礎の上に広がり大きく膨らむ智彗は、祖先から受け継がれた教えに基づいて進行する原則に従う智彗の集積であり、それが一箇所に集まり子孫に伝えられる。文明が繁栄するとき、新たに生じる文明の智彗もまた大きく膨らむ氣配がある。しかし、文明が衰退し、祖先の指導に従って進むことに従うことが子孫に伝わらなくなるとき、新たな文明は衰退することになる。

これは、信念を持ってその本質を理解することが正しいものだという理念である。したがって、新たな文明がカタカムナの智恵の上に広がり、大きく膨らむことを観察することで、その繁栄と衰退を理解することができる。そしてすでに、その実態を知ることが魂を覚醒させ、違いを理解することができる視点となる。

その違いを理解した上で、次に行動をとることが魂の覚醒を引き起こすことになる。

それは、文明を形成する智彗と、すべてを生み出すカタカムナと一体となる行動が起こることである。これは、布斗麻邇御灵から最初に分かれた水火《いき》の形であり、これを通じて、天地の氣を理解する御伝えとなっている。

祖先の教えに基づいて進行する智彗の集約は、一箇所で伝え継がれる子孫によって、長い間その力を経験し学び続けてゆく。それは新たな文明の万物の基礎を形成し、膨大な広がりを持つことになる。新たな文明もまた滅亡と誕生を繰り返すものであり、その中で正しく智彗を引き出す音《こえ》となる。

カタカムナと文明の基盤となる智彗が和らぎ、結びつくことによって、天地開闢の法則を理解して実践する者たちによって祖先からの教えが受け継がれることが、長期的な繁栄をもたらす原則となる。

これは智彗の集約であり、一箇所で伝え継がれる子孫によって、その力が経験と理解により蓄積され、長い期間にわたる繁栄をもたらす。

また、天地の氣がカタカムナに伝えられ、天地開闢の際に継承される彼《か》の力が人類に結びつき、経験と理解を通じて蓄積されてゆく。形を持たない天の父母の智彗と、形を持たない天地の智彗が形を顕し、祖先からの教えが受け継がれ、永く繁栄をもたらす原則の智彗の集約を通じて、一処で継承される子孫の中で衰退と繁栄を繰り返すアメノミナカヌシの氣のはたらきは、カタカムナを現す。そして、その衰退と繁栄を繰り返す天の氣のはたらきは、新たな形を取り始める文明の子孫によって、新たな形を取り始める智彗の集約が大きく膨らむことになる。これは、祖先から受け継がれた教えが永く繁栄をもたらす原則の智彗の集約であり、一箇所で継承される子孫の中で、人類の活動の衰退と繁栄が繰り返されたいく、天地の氣の動きが見られるというのは、子孫が経験と知識を蓄積し、成長していく処となることである。

草也

祖先の教えに従う子孫が繁栄の未来を築くということは、すべてを包み込み、円満に、成熟した文明となる音《こえ》とある。

今、この教えを伝えるためのはたらきの音《こえ》に、また、言灵として顕現される祖先の教えの音をどのように統べるべきかというと、天地の氣と繁栄の未来を築くことは、本質的に同じことである。

しかし、言灵として顕現される祖先の教えをよく守り実践する要素を「原則」と言い、祖先の教えを受け入れる心の要素を「敬意」という。

少しの違いがあっても、本質的には同じものであるから、言灵として顕現される教えの音を宰るのは、祖先の教えを遵守し実践する「原則」であり、祖先の教えを受け入れる心の「敬意」でもある、これもまた言灵として顕現される「教え」である。

子孫が「教え」に従い、繁栄の未来を築いていく中で、教えが時々忘れられることもある。しかし、その教えが再び受け継がれるということが繰り返されるのが人々の営みの響きである。

そうした祖先の思いの氣に従い行動することを素直な心と言い、また、自分たち自身で物事を判断し、自己の暴走を統制することを素直な心で統べるともいう。

天の慈悲と祖先の想いの氣をよく知り、忘れ去られた教えと、汲み取られる想いという二つの要素が開花し、成果を結ぶ。この教えを受け入れる心の中にある「敬意」は、忘れ去られた教えと、汲み取られる想いの両方を包み込む。月は最初から光を持っておらず、日の光が月に入り込んで月光となる。この伝えは忘れ去られた教えと、汲み取られる想いを結びつけ、祖先の教えを受け入れる「敬意の心」を息づかせることになる。忘却の教えとして伝えられるカタカムナの中には、時があり、その時に形を隠すことは、子孫への想いが続き揺むような氣の流れに従っている。

これは、忘れられた教えを宰り、その結果得られる祖先の意志を讃えるための一例となる。この過程を通じて、天と祖先の意志を包み込む「音」、つまりカタカムナとして具現化される教えに含まれる意志を理解し、己のものにすることができる。

すべて、忘れ去られたものや理解すべきものの想いに「敬意」を抱くことである。

今、敬意を持つ行動が音として言灵に現れ、それが子孫の繁栄する未来を創り上げることになる。これは、敬意を持つ行動が、過去からの神灵との繋がりを、受け入れる心を持つことの重要性を理解すべきである。

この神灵を受け入れる心を持つことが、子孫が繁栄する未来を作り出す教えの形となる。

今、この神灵を受け入れる音は、形のない祖先の想いを具現化した神灵を受け入れ、その心を形成する。この神灵を受け入れる心の働きにより、祖先からの智彗の象徴とされるカタカムナが顕現され、その音は、神灵として表される繁栄の未来をつくり出す音となる。

天と祖先の教えに導かれ、未来の繁栄を構築するということを、言灵として顕現される未来の繁栄の音が宰ると述べるとき、それは忘れ去られたものを汲み取るという意味でもある。滅亡と誕生を繰り返す文明の衰退と発展は、原初は一つの場所に集まるようになっている。これは、滅亡と誕生を繰り返す文明が、二つの要素、すなわち衰退と発展に開かれた人類の営みが、天と祖先の教えによって和合されることを示している。これもまた、天と祖先の教えに導かれ、未来の繁栄を築くことになるということである。

是有也

神灵をとりこむ文明の実態は形は存在しない。今、その形のない実態から形を顕現させることになる。カタカムナの働きを表す音により、神灵をとりこむはたらきが、形を現す文明として定まる。そして、その音は無にして有、有にして無である智彗として表され、陰陽の相互作用によって万物を生み出す。その形はまさに卍の如くである。これにより、万物を生み出し、相《すがた》を現す文明が定まるとある。

搦也

また、混乱した文明の終焉に向けて結実する際、渾沌とした人々の心の中に究竟の真理をくむことで、束縛された魂と心を解放し、自由にするといったものである。

形を持たない究極の真理は、渾沌とした人々の心に作用し、形を現すこととなる。究極の真理の働きにより、カタカムナも輝き、真如の働きをする音となる。真如の働きは日輪のようで、その永遠の力をここに含み、見えない渾沌とした人々の心をめぐる。イザナギの氣の究極の真理と、いよいよ舫《もや》い回り続ける法則によって、その働きは尽きることなく絶えず作用する。ゆえに、究極の真理を捉える音《こえ》が存在する。

古《いにしえ》から現代までにおいて、火水の秘密が連なり、一つの種となり、進化して万倍になること卍の如し。

渾沌とした人々の心に究極の真理が浸透することは、理解する人々は少ないだろう。しかしながら、この究極の真理は己の息と、天地の息を穏やかに並べることで、内面の静けさや瞑想を通じて深い理解や真理に達することができる。そして、人々は心を落ち着かせ、本来隠れていた真実や深い理解に目覚めることができる。このような状態を経験すると、それが究極の真理であることを感じることができるようになる。

この究極の真理の作用は、掬むはたらきにより、アメノミナカヌシの氣が訪れ、それが究極の真理であることを感じることができるようになる。

人々の心に究極の真理が浸透する作用が現象として現れ、アメノミナカヌシの御影という形に定まるようになる。

私たちの迷いや混沌とした心は、火と水の秘密が連鎖し、一つの種となり、進化して万倍になるような力を持っている。この力を理解するためには、心の中に究極の真理である「真如」が必要となる。もし、渾沌とした心の中に「真如」が存在するならば、迷いの声を統べる「真如」のはじめての音を聞いた時に、その存在を我々に知らせてくれるであろう。

この心の中に湧き上がる感情や思いに従って出現する、五十連のカタカムナの音《こえ》の意味は、己の息と、天地の息が和やかに並び與まれることから、もし声を出さずに内面の静けさや瞑想を通じて心で聞けば、アメノミナカヌシの氣が来るかもしれないと告げている。

これは、アメノミナカヌシの氣が来ることを告げる神灵の働きであり、現象として現れるアメノミナカヌシの御影となる。

火と水の秘密が連鎖し、一つの種となり、進化して万倍になるような力（卍）を持っているることを知るのはカタカムナであるがゆえに、これは日月（図象符とウタヒ）で示される五十連の音《こえ》となる。

これ、顕現するカタカムナの音《こえ》は、人類に関与するという心があることを知るべきである。これを通じて、永久《とこしえ》にあり続ける究極の真理の秘密を理解するためには、おのずから反発せずに丸く睦むことで和らぎ、息と息を合わせることで氣の流れを取り込み、氣の法則が成り立つ。

既に、カタカムナが顕現する究極の真理は働き始めている。そして、人々の心が混沌から昇華するとともに、万物の起源となる「種」の現象が引き起こされることになる。

あとがき

いま、この『カタカムナ言靈解』という本が皆さまの手元に届く時、遥かな過去から現代へと紡がれてきた神秘的なカタカムナの言灵たちが、新たな息吹を得て、次のステージへと繋がる一助となることを心から願っています。

この作業を通じて、カタカムナの言灵が持つ深遠なる智彗とその魅力に改めて気づかされました。その一語一句には、私たちの存在そのもの、自然との調和、宇宙とのつながり、そして人類がどのように生きるべきかという問いが込められています。それは、単なる古代の言葉以上の何か、生きることの本質に迫るものであると感じています。

また、この本を書くことによって、カタカムナの言灵はただ古代に遺されたものではなく、現代にも、そして未来にも息づいていることを再認識しました。私たちがカタカムナの言灵を学び、理解し、自らの生き方や世界観に反映させることで、それは新たな形を得て生き続けます。

この作業は困難でしたが、同時に私にとっても大きな学びとなりました。古代の智彗を現代の言葉に翻訳することで、その智彗が今もなお生きていることを実感し、その智彗が現代社会においてどれほど重要なものであるかを再確認しました。

このたびは、カタカムナウタヒの言灵を基に、「灵合せ」というカタカムナの解読を探求した本書『カタカムナ言靈解』についてご紹介させていただきました。本書の焦点は、「カ」の言灵という、カタカムナヒヒキの一首から始まる調和の途切れない連続性にあります。

最初のたった、一文字の「カ」の言灵の読み解きですが、この初めての一文字への理解に至るまで、多くの工程が存在しました。これはまだ序章にすぎず、カタカムナの情報の量は確かに多大です。それを一冊の本に収めることは到底できませんでした。

本書の中で明らかになる「灵合せ」というカタカムナの解読を実現するために、約四〇七九六九文字を生成し、それらの言灵を法則のもと、原稿を作り上げました。カタカムナの「灵合せ」を通じて、我々は「アカシックレコード」と呼ばれる宇宙の智彗の源に接続することができます。しかしこの情報の量は圧倒的であり、ここで取り扱ったものはただ一つの言灵の種を広げただけに過ぎません。

全八十首のカタカムナウタヒを解明するためには、想像を絶する時間と努力が必要だということを、読者の皆様にお伝えしたいと思います。しかし、それはまた、人類の知識と理解が未だ探求すべき深遠なる領域を持つという、壮大な旅への序章でもあります。

本書に記されているとおり、カタカムナから湧き出る智慧はまさに神の氣そのもので、遠い過去から現在、未来へと連続する真理を象徴しています。私たちの文明が終焉に向かい、新たな天地の創造が始まる兆しは、カタカムナの音《こえ》による啓示と解釈できます。

しかしながら、人類は「理」を見失い、多様な情報と物質に満ちた現代社会で豊かさを享受しているような錯覚に陥っています。森羅万象の真理とは何かという、最も重要な問いが抜け落ちていることが、カタカムナにより示唆されています。その時こそ、カタカムナが芽吹くと理解できます。この状況は、人類の文明、テクノロジー、教育、歴史、精神性、思考の中心にあるはずの「火」が失われたことを意味します。我々はこれを「無き灵」あるいは「亡骸」と呼びます。

御灵の消失により、人類は進むべき道を見失ってしまいました。しかし、このような時間の流れもすべて循環の中にあります。朝日が昇り、昼には太陽が頂点に達し、夕方には太陽が西へと傾き、夜になると暗闇に覆われます。そして再び、暁の光が昇ります。我々が現在生きているこの時代は、まさに「夜明けの晩」に相当します。

人類文明が一つのサイクルを終え、新たな日が昇るとき、天之御中主の火が再び目覚める時が来るのです。そして、カタカムナ図象符と言灵を組み合わせることで、無尽蔵の智彗を引き出すことが可能となります。それはただの「情報」ではなく、天之御中主の心とつながるということです。主の音を表現すると、「我と一つ並び、心と心が結び、和合し、結び結ぶことにより生まれる心は、唯一の列りとなり、まるで糸でつながれたように、変わることがない」となります。

これを「南無」と言います。

カタカムナが潜む時、その図象符と様々な要素は分散し、影を潜めます。これには稲荷古伝、稲荷の言灵、布斗麻邇御灵、そしてカタカムナ図象符が含まれます。

驚くべきことに、これらの要素が長い時代を経て継承されてきたのは、各時代で命を賭けて取り組んできた賢人たちの存在があったからです。彼らに対する深い敬意と感謝の気持ちが湧き上がってきます。

『言霊秘書』に出会えたのも奇跡的でしたが、それを出版していた八幡書店にも神懸かり的な何かを感じます。

ここで、カタカムナに関わったと考えられる私の知る限りの賢人たちに、感謝の気持ちを込めて名前を挙げさせていただきます。

天之御中主神、天神、アメノコヤネ、アメノフトタマ、釈迦、キリスト、聖徳太子、法道仙人、役小角、天道法師、仁聞菩薩、荷田竜頭太、弘法大使空海。

そして、言灵を現代にまで伝えてくれた賢人たちにも感謝の気持ちを込めて名前を挙げさせていただきます。

山口志道、中村孝道、大石凝真素美、出口王仁三郎、岡本天明、そして武田崇元先生、大宮司朗先生。

さらに、カタカムナを現代に繋いでくれた賢人たちにも感謝の気持ちを込めて名前を挙げさせていただきます。

楢崎皐月氏、宇野多美恵女史、さえぐさ誠先生。

そして、国東の扶桑の木の概念を伝授していただいた、邦前文吾先生。

稲荷の奥伝をご教授頂き、『イナリコード』の著者でもあり、そして天道仁聞の名を授けて下さいました、白翁老、久世東伯先生。

大分への移住のはじまりの御縁を授けていただいた、安長明美さん。

高千穂天岩戸神社「坤の金人」二〇二二年奉納
大麻飾り職人　秋田真介さん。

高千穂神楽面彫師　工藤省吾さん。


二〇一六年、大分への移住からすべての歯車は回りはじめました。人生とはたった一つの選択により万倍へと広がります。まさにカタカムナとは一粒万倍の米であると感じております。

本書が皆様の心に少しでも響き、新たな視点や知識を提供できたことに、謙虚ながらも深い喜びと感謝の念を抱いております。最後に、この作品に込められた労力と情熱を理解し、共有してくださったすべての読者に対し、心から最大限の感謝を表します。ご覧いただき、ありがとうございました。

二〇二三年八月　天道仁聞

楢崎皐月の表意語と稲荷古伝言灵一言之法則

カタカムナ言靈対比表

全体像（番号は分割ページ）

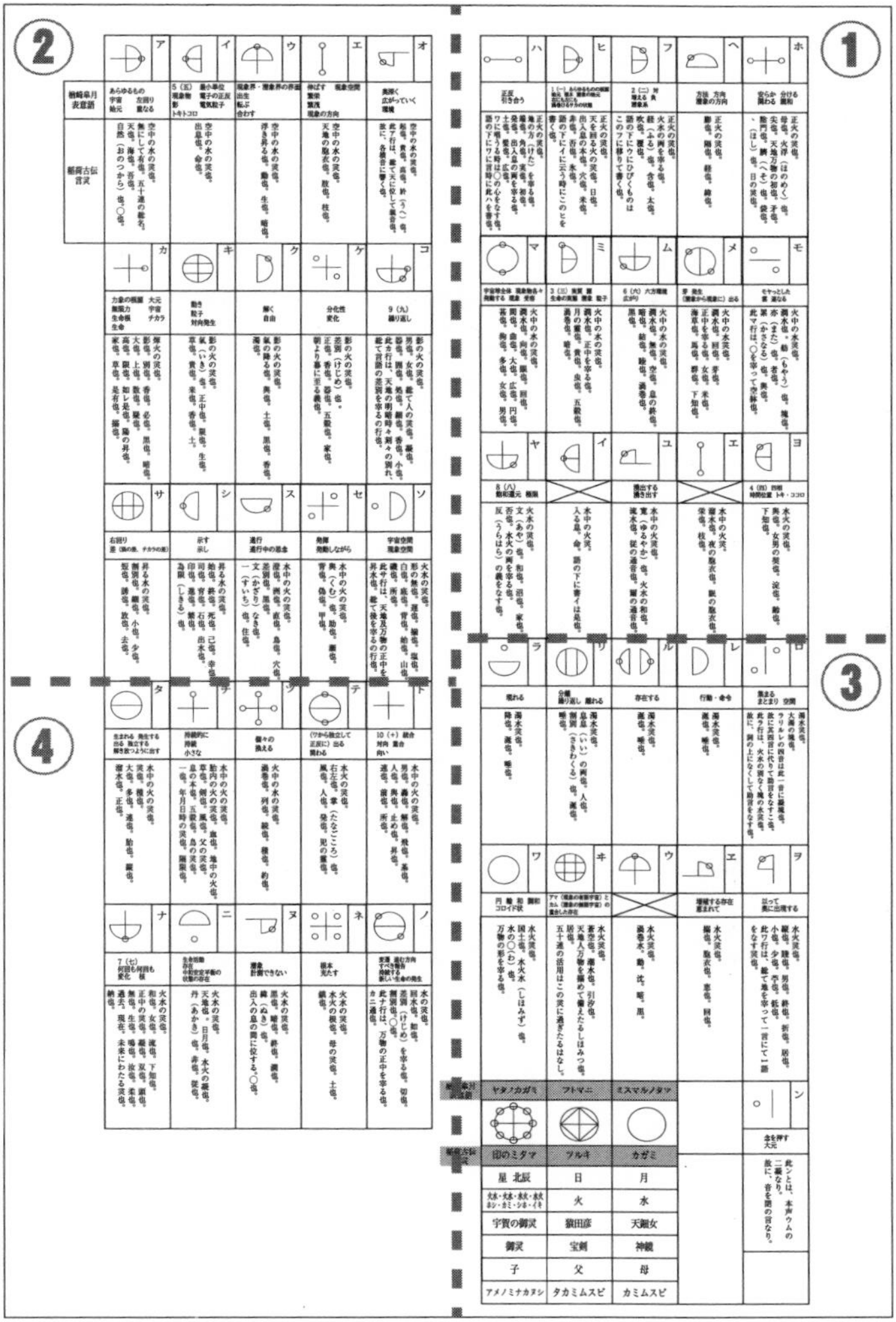

古伝　〇言灵一言之法則　此一言の法則は天地自然の氣なり。人間の詞を此一言の灵に反て言の心を知なり。

①

ホ	ヘ	フ	ヒ	ハ
	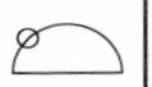	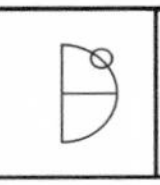	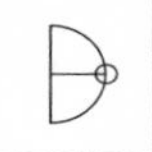	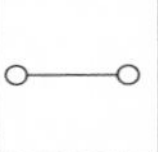
安らか　分ける 関わる　親和	方法　方向 潜象の方向	2（二）対 増える　負 潜象系	1（一）あらゆるものの根源 始元　根本　潜象の始元 右にも左にも 渦巻けるサカの状態	正反 引き合う
正火の灵也。母也。火浮（ほのめく）也。尖也。天地万物の初也。矛也。陰門也。臍（へそ）也。袋也。、（ほし）也。日の灵也。	正火の灵也。膨也。隔也。経也。緯也。	正火の灵也。火水の両を宰る也。経（ふる）也。含也。太也。吹也。覆也。語の下にウにひびくものはこのフに移りて書く也。	正火の灵也。天を回る火の灵也。日也。出入息の本也。穴也。米也。非也。否也。氷也。語の下にイに云う時にこのヒを書く也。	正火の灵也。地の方（けた）を宰る也。端也。角也。実也。初也。発也。出入息の両を宰る也。土也。髪也。広也。ワに唱うる時は○の心をなす也。語の下にワに言時に此ハを書也。
モ	メ	ム	ミ	マ
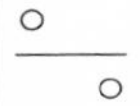	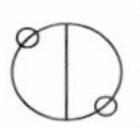	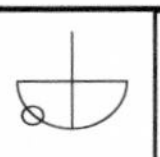		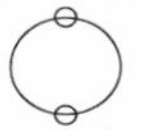
モヤっとした 雲　連なる	芽　発生 （潜象から現象に）出る	6（六）六方環境 広がり	3（三）実質　源 生命の実態　潜象　粒子	宇宙球全体　現象物各々 発動する　現象　受容
火中の水灵也。潤水也。魴（もやう）也。塊也。亦（また）也。者也。累（かさなる）也。與也。此マ行は、○を宰って空躰也。	火中の水灵也。潤水也。回也。芽也。正中を宰る也。女也。米也。海草也。馬也。群也。下知也。	火中の水の灵也。潤水也。無也。空也。息の終也。暗也。結也。睦也。渦巻也。黒也。	火中の水の灵也。潤水也。正中を宰る也。月の霊也。貴也。虫也。五穀也。渦巻也。暗也。	火中の水の灵也。潤水也。向也。眼也。回也。間也。曲也。大也。広也。円也。甚也。狗也。多也。女也。男也。
ヨ	エ	ユ	イ	ヤ
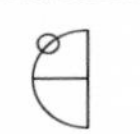		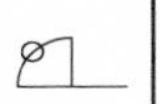	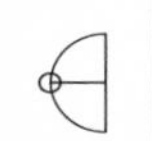	
4（四）四相 時間位置　トキ・ココロ		湧出する 湧き出す		8（八） 飽和還元　極限
水火の灵也。與也。女男の契也。淀也。齢也。下知也。	水中の火灵。溜水也。夜の胞衣也。眠の胞衣也。栄也。枝也。	水中の火灵也。寛（ゆるやか）也。火水の和也。流水也。従の通音也。爾の通音也。	水中の火灵。入る息。命。語の下に書イは是也。	火水の灵也。文（あや）也。和也。沼也。家也。否也。水火の両を宰る也。反（うらはら）の義をなす也。

②

	ア	イ	ウ	エ	オ
	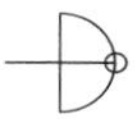				
楢崎皐月 表意語	あらゆるもの 宇宙　左回り 始元　重なる	5（五）　最小単位 現象物　電子の正反 影　電気粒子 トキトコロ	現象界・潜象界の界面 出生 転ぶ 合わす	伸ばす　現象空間 繁栄 繁茂 現象の方向	奥深く 広がっていく 環境
稲荷古伝 言灵	空中の水の灵也。 無にして有也。五十連の総名。 天也。海也。吾也。 自然（おのつから）也。○也。	空中の水の灵也。 出息也。命也。	空中の水の灵也。 浮き昇る也。動也。生也。暗也。	空中の水の灵也。 天地の胞衣也。肢也。枝也。	空中の水の灵也。 起也。貴也。高也。於（うへ）也。 此ア行は、総て天に位して親音也。 故に、各横音に響く也。

	カ	キ	ク	ケ	コ
	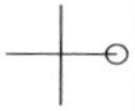			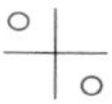	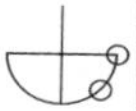
楢崎皐月 表意語	力象の根源　大元 無限力　宇宙 生命根　チカラ 生命	動き 粒子 対向発生	解く 自由	分化性 変化	9（九） 繰り返し
稲荷古伝 言灵	煇火の灵也。 影也。別也。香也。必也。黒也。暗也。 大也。上也。数也。疑也。 高也。限也。如レ是也。陽の昇也。 家也。草也。是有也。搦也。	影の火の灵也。 氣（いき）也。正中也。限也。生也。 草也。貴也。来也。香也。土。	影の火の灵也。 氣の降る也。輿也。土也。黒也。香也。 濁也。	影の火の灵也。 差別（けじめ）也。 正也。香也。器也。五穀也。家也。 朝より暮に至る義也。	影の火の灵也。 男也。女也。総て人の灵也。凝也。 器也。囲也。処也。細也。香也。小也。 此カ行は、天地の明暗時々刻々の別れ、 総て言語の差別を宰るの行也。

	サ	シ	ス	セ	ソ
	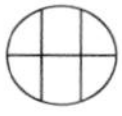		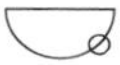	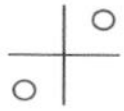	
楢崎皐月 表意語	右回り 差（渦の差、チカラの差）	示す 示し	進行 進行中の思念	発揮 発動しながら	宇宙空間 現象空間
稲荷古伝 言灵	昇る水の灵也。 割別也。細也。小也。少也。 短也。誘也。放也。去也。	昇る水の灵也。 始也。終也。死也。己也。幸也。 司也。育也。石也。出水也。 印也。進也。繁也。 為限（しきる）也。	水中の火の灵也。 澄也。洲也。直也。鳥也。穴也。 差別也。黒也。 文（かざり）なき也。 一（すいち）也。住也。	水中の火の灵也。 輿（くむ）也。助也。瀬也。 背也。偽也。甲也。	火水の灵也。 形の無也。遅也。揃也。塩也。 白也。底也。背也。始也。山也。 磯也。所也。 此サ行は、天地及万物の正中を 昇水也。総て後を宰るの行也。

③

ラ	リ	ル	レ	ロ
	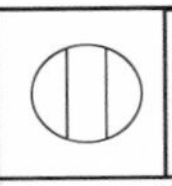	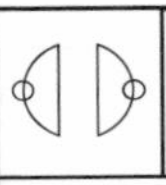		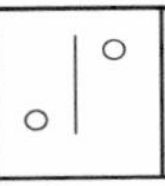
現れる	分離 繰り返し 離れる	存在する	行動・命令	集まる まとまり 空間
濁水灵也。降也。涎也。唾也。	濁水灵也。息息（いい）の両也。人也。割別（さきわくる）也。涎也。唾也。	濁水灵也。涎也。唾也。	濁水灵也。涎也。唾也。	濁水灵也。大濁の塊也。ラリルレの四音は此一音に凝塊也。故に其四言に代りて助言をなすこ也。此ラ行は、火水の別なく塊の水灵也。故に、詞の上になくして助言をなす也。

ワ	ヰ	ウ	ヱ	ヲ
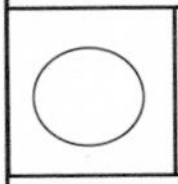	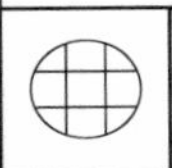		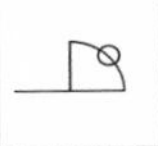	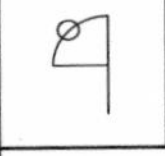
円 輪 和 調和 コロイド状	アマ（現象の有限宇宙）とカム（潜象の無限宇宙）の重合した存在		増殖する存在 恵まれて	以って 奥に出現する
水火灵也。国土也。水火水（しほみず）也。水の〇（わ）也。万物の形を宰る也。	水火灵也。蒼空也。潮水也。引汐也。天地人万物を摂めて備えたるしほみつ也。居也。五十連の活用はこの灵に過ぎたるはなし。	水火灵也。渦巻水。動。沈。暗。黒。	水火灵也。搦也。胞衣也。恵也。回也。	水火灵也。縦也。賤也。男也。終也。折也。居也。小也。少也。苧也。低也。此ワ行は、総て地を宰って一言にて一語をなす灵也。

ン

念を押す 大元
此ンとは、本声ウムの二凝なり。故に、音を閉の言なり。

楢崎皐月 表意語	ヤタノカガミ	フトマニ	ミスマルノタマ
	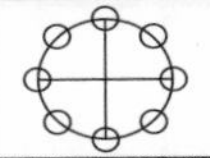	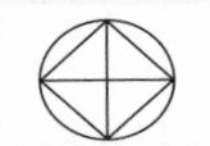	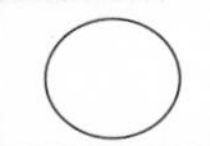
稲荷古伝 言灵	印のミタマ	ツルギ	カガミ
	星 北辰	日	月
	火水・火水・水火・水火 ホシ・カミ・シホ・イキ	火	水
	宇賀の御灵	猿田彦	天鈿女
	御灵	宝剣	神鏡
	子	父	母
	アメノミナカヌシ	タカミムスビ	カミムスビ

④

タ	チ	ツ	テ	ト
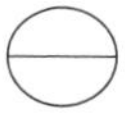		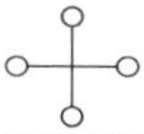	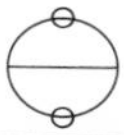	
生まれる 発生する 出る 独立する 解き放つように出す	持続的に 持続 小さな	個々の 換える	(ワから独立して 正反に) 出る 関わる	10 (+) 統合 対向 重合 向い
水中の火の灵也。 灵也。種也。 大也。多也。連也。胎也。縦也。 溜水也。正也。	水中の火の灵也。 胎内の火の灵也。血也。地中の火也。 草也。剣也。風也。父の灵也。 息の本也。五穀也。鳥の灵也。 一也。年月日時の灵也。隔限也。	火中の水の灵也。 渦巻也。列也。続也。積也。約也。	水火の灵也。 右左也。掌(たなごころ)也。 風也。人也。発也。児の靈也。	水中の火の灵也。 男也。轟也。解也。飛也。基也。 人也。與也。止め也。昇也。 速也。前也。所也。

ナ	ニ	ヌ	ネ	ノ
			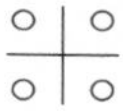	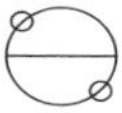
7 (七) 何回も何回も 変化 核	生命活動 存在 中和安定平衡の 状態の存在	潜象 計測できない	根本 充たす	変遷 進む方向 すべき報告 持続する 新しい生命の発生
火水の灵也。 和也。女也。流也。下知也。 正中の灵也。凝也。双也。頭也。 無也。生也。鳴也。汝也。柔也。 過去。現在。未来にわたる灵也。 納也。	火水の灵也。 天地也。日月也。水火の凝也。 丹(あかき)也。非也。従也。	火水の灵也。 黒也。暗也。終也。潤也。 緯(ぬき)也。 出入の息の間に位する。〇也。	火水の灵也。 水火の根也。母の灵也。土也。 鎮也。	水の灵也。 回水也。如也。 差別(けじめ)を宰る也。切也。 割別也。〇也。 此ナ行は、万物の正中を宰る也。 カニ通也。

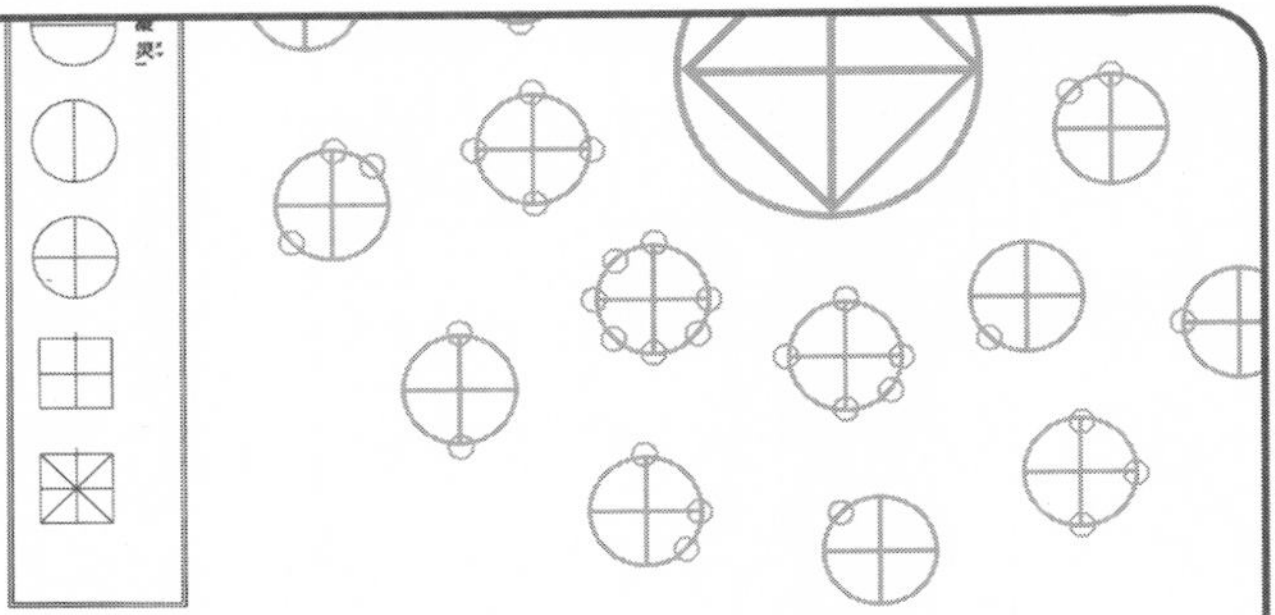

▼プレゼントを受け取るには？
ご希望の方は、下記のメール登録フォームよりご登録をお願い申し上げます。
登録完了後、『稲荷・楢崎言霊対比表』のダウンロードリンクをお送りいたします。

メール登録フォーム
https://www.reservestock.jp/subscribe/250841

プレゼント企画主催者：天道仁門

公式 HP
https://futomani88.com/home

※当プレゼント企画へのお問い合わせは公式 HP までお願いいたします。

限定プレゼントのお知らせ

このたび、本書ご購入の読者の方へ、著者より特別な感謝の気持ちを込めて、『稲荷・楢崎言霊対比表』をプレゼントとしてお送りすることになりました。

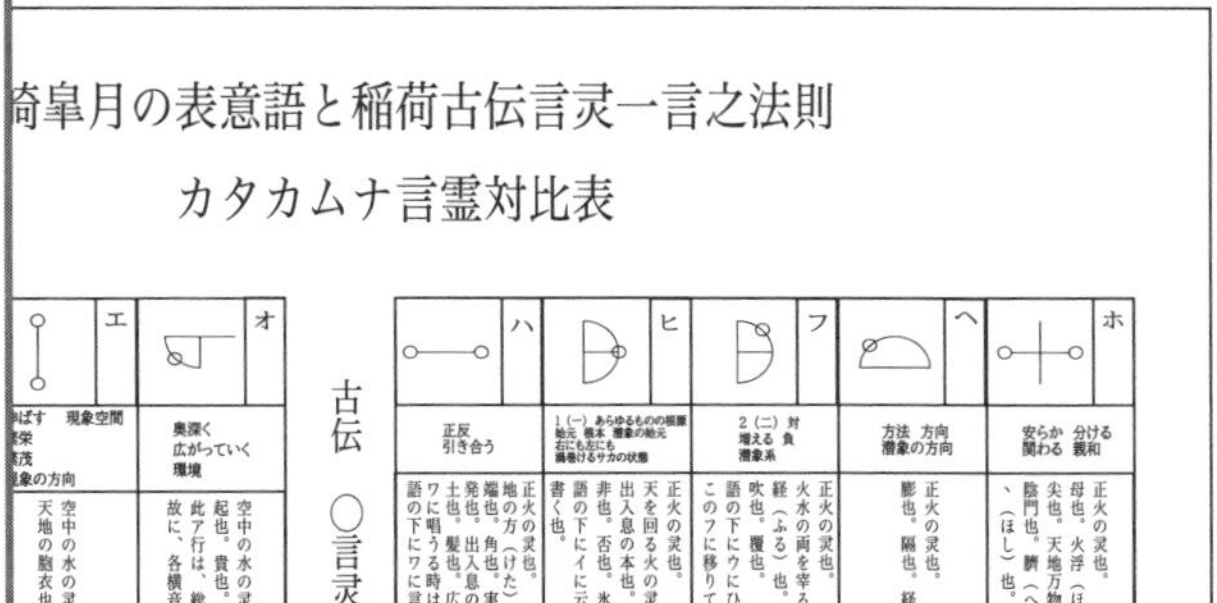

本書では紙面の都合で縮小分割せざるを得なかった巨大な表を、拡大表示できるPDFにてご提供します。

天道仁聞（てんぢ・にんもん）

1979年、千葉県生まれ。天太玉命を祭神とする安房神社の霊域で幼少期を過ごす。24歳にして神奈川で美容室を独立開業するも、道念やみがたく天地の声に導かれるままに2015年に大分に移住。国東半島に秘められた古代の痕跡と磐座の謎を追い求め、さらに出口王仁三郎、岡本天明、大石凝真素美、水谷清などの霊著を渉猟、山口志道『言靈秘書』（八幡書店）との出会いを通じ「水穂伝」「稲荷古伝」の研鑽に邁進し、カタカムナ解読に新機軸を開き注目を集める。現在、YOUTUBEの人気チャンネル「猿田彦TV」を運営、カタカムナ学会の事務局長を務め斯道の普及に尽力。

著書に『空から見た日本の磐座～人類前史の痕跡、失われた文明の鍵は日本の磐座にあった』（2022、猿田彦TV 横山航介名義）

カタカムナ学会　https://katakamuna-ac.com

カタカムナ言靈解《ことだまかい》

稲荷の言靈で読み解くカタカムナ

フトマニと火水の超法則が明かすアカシックレコードと宇宙樹の秘密

2023年10月20日　初版第1刷発行
2024年 9月20日　改訂版第1刷発行

著　者　天道仁聞《てんぢにんもん》

発行者　武田崇元
発行所　今日《こんにち》の話題社《わだいしゃ》
東京都品川区平塚2-1-16 KKビル5F
TEL 03-3782-5231　FAX 03-3785-0882

印　刷　平文社
製　本　難波製本

ISBN978-4-87565-663-0　C0021